U0113254

人民对美好生活的向往
讲好中国故事系列丛书
中国能源化学地质工会

"一带一路"上的电建风采

中国电建集团海外投资有限公司◎编著

中国工人出版社

人民对美好生活的向往

讲好中国故事系列丛书

编委会

《海投故事》 | 编委会

主　编	盛玉明
副主编	杜春国　赵新华
执行主编	李胜会
委　员	谭　毅　邱　清　刘向晨
	张一凡　李鹏飞　杜　菲
	刘　星

总　序

讲好中国故事　传播工会声音

习近平总书记指出，全党同志一定要永远与人民同呼吸、共命运、心连心，永远把人民对美好生活的向往作为奋斗目标。在党的十九大报告中，"人民美好生活"先后出现14次，关乎民生，亦关乎党的使命、宗旨与愿景。这样的大众化、平民化、生活化表述，让新思想、新战略和新蓝图变得生动而具体，承接地气、充满生气、富有底气，直抵人们内心，温暖你我，感动世界。

今天，中国改革开放的历史航船，正处在承前启后、继往开来的新起点。回顾40年来尤其是党的十八大以来发生在企业的巨大变化，梳理涌现在职工身边的先进事迹和感人故事，为即将开启的新的改革探索积累更多可供借鉴的典型经验，有助于激励广大职工群众努力奋斗，让劳模精神、劳动精神和工匠精神薪火相传。

进入新时代、踏上新征程，为中国工会赋予了新的使命和担当。各级工会组织要把学习贯彻习近平新时代中国特色社会主义思想和党的十九大精神作为首要政治任务，进一步团结动员广大职工拼搏奋进，为实现中华民族伟大复兴的中国梦不懈奋斗。

处大事贵乎明而能断。经过改革开放40年的发展，人民对美好生活的向往更加强烈，期盼有更好的教育、更稳定的工作、更满意的收入、更可靠的社会保障、更高水平的医疗卫生服务、更舒适的居住条件、更优美的环境、更丰富的精神文化生活。在这个展现新时代工人阶级新风采和工会工作新作为的关键时期，我们要牢牢把握人民群众对美好生活的向往，自觉践行人民对美好生活的向往就是我们的奋斗目标的承诺，一步步实现好以人民为中心的发展，确保如期建成得到人民认可、经得起历史检验的全面小康社会。

为了贯彻落实习近平新时代中国特色社会主义思想和党的十九大精神，坚定中国特色社会主义道路自信、理论自信、制度自信和文化自信，讲好中国故事，传播好中国工会声音，中国能源化学地质工会策划组织了《人民对美好生活的向往——讲好中国故事系列丛书》，并由中国工人出版社出版。这套丛书以我国能源化学地质系统劳动模范、大国工匠和普通职工为主人公，生动讲述生产一线劳动者创业、创效、创新、创优的故事，记录新时代产业工人生产生活发生的可喜变化，展现工会组织忠诚党的事业、服务职工群众的创新作为，弘扬好声音、传播正能量，引领广大职工达成价值共识。

我们相信，动员组织广大职工讲好中国故事、传播工会声音，让劳动最光荣、劳动最崇高、劳动最伟大、劳动最美丽的观念深入人心，让诚实劳动、勤勉工作蔚然成风，激励广大职工激情唱响新时代劳动者之歌，争做新时代的奋斗者，在各自平凡的岗位上，通过辛勤劳动、诚实劳动、创造性劳动，做出不平凡的业绩，实现对美好生活的向往！

《人民对美好生活的向往——讲好中国故事系列丛书》

编辑委员会

2018 年 5 月 21 日

前　言

　　在构建人类利益共同体、命运共同体进程中，讲好中资企业海外故事特别是"一带一路"的故事，既是重要的时代命题，也是重要的时代使命。

　　经过半年多的认真筹备和精心组织，《海投故事》正式跟大家见面了。全书共辑录 81 个故事、20 万字，划分为奋进、共享、记忆、融合、匠心、成长、温暖等 7 个章节，并附有 12 个视频资料。这是中国电建集团海外投资有限公司以党的十九大精神为指引，深入学习贯彻习近平新时代中国特色社会主义思想，在国际上传播电建声音、讲好中企故事、树立中国品牌的生动体现，唱响了奋进凯歌，凝聚了发展力量。

　　这些故事的主人公都是奋战在中国电建海外投资事业一线的普通员工，他们立足过往事、着眼身边人，以饱满的情感和朴素的叙事手法，记录了电建人无愧于央企责任、无愧于国家厚望、无愧于时代发展的海外故事。这些故事或以宏观视角记录项目重要里程碑节点，或以微观视角展示别致的海外投资生活，既有电建人"走出去"的坚定与激情，也有东道国"迎进来"的兴奋与热情，其背后折射的是"共商共建共享"的丝路原则，体现的是东道国的期盼和中国的担当。

　　海外电力能源投资是一项复杂的系统性工程，电建海投公司项目具有分处多国别、特许经营时限长、风险防范要求高、本土经营与多元文化融合任务重等特点，对推动持续稳健经营提出了更多挑战。鉴于此，电建海投公司自从成立起，精心培育"海文化"，以"海纳百川，投创未来"的企业精神深入推进互融共促、互利共赢，用新理念、新实践、新业绩、新发展生动讲述了海外投资故事，《海投故事》记录和见证了这段历程。细细品味这些故事，都具有较强的诠释力、感染力、说服力，都是对构建人类命运共同体的生动阐释。

投创精彩未来，更需勇毅而笃行。前进的道路上，电建海投公司将牢记职责使命，继续围绕中国电建集团战略部署，以构建中国电建海外投资升级版为目标指引，乘着新时代的浩荡东风，在"一带一路"的广阔天地展现更多、更大作为，续写辉煌，再谱新篇！

目　录

|奋 进|

|共 享|

| 记 忆 |

| 融 合 |

| 匠 心 |

| 成 长 |

| 温 暖 |

　　看着世界地图做企业，沿着"一带一路"走出去。
　　从柬埔寨甘再河畔的"三峡工程"，到老挝南欧江流域明珠般的"一库七级"，到巴基斯坦阿拉伯海岸的"一号工程"，再到澳大利亚牧牛山风电项目的"先行先试"，中国电建海外投资的壮丽画卷徐徐铺展……
　　在这色彩斑斓的画卷里，一个个鲜活生动的故事也被时光铭记。无论是激动人心的境外发债，还是卡西姆电站无比艰难的送出线路建设，无论是气势磅礴的南欧江大江截流，还是尼泊尔大地震中的顽强屹立……无不饱含着电建人的使命、责任与担当。

奋进
FENJIN

"3.5%？不可思议！"

——中国电建 5 亿美元永续债券发行纪实

"发行利率最终锁定，3.5%！"

"有效订单 147 份，金额超过 35 亿美元，超额认购达 7 倍！发行圆满成功！"

2017 年 6 月 7 日，香港。当中国电建 5 亿美元永续债券发行正式关闭时，一连串利好数据从现场传来。

"3.5%？中国电建创造了央企境外发债利率新低！"渣打银行现场代表连用几个"不可思议"发出赞叹。

此时，电建海投公司副总经理、总会计师李铮一直悬在半空的心终于平稳放下，长舒一口气。望着窗外灯火璀璨的香江，李铮轻轻地抿了口咖啡。

"一带一路"国际能源合作资金需求巨大，境外发债是解决资金需求的重要方法。早在 2016 年 10 月，中国电建集团本次债券发行的前期工作就全面展开。

2017 年是美联储加息以来大幅提升的转折年。作为中国电建集团重要海

外融资平台，电建海投公司密切关注市场利率走势，确定2017年上半年为发行大窗口，果断将发债时间锁定在美联储6月14日加息之前，并依托非农就业数据发布所带来的经济增长消极情绪，抓住了美债收益率下调5BP的引导性指标窗口。最终，确定了6月5日公告、6月6日路演、6月7日定价的发行计划。

6月5日，飞机刚落地，融资团队就发出募集公告。

当晚，李铮带领融资团队连夜与投资行、承销行一起研判市场情况，分析自身优势，规避强劲的竞争对手。

一阵缜密分析过后，融资团队信心倍增：一是中国电建是当期发债的唯一一家央企，差异化竞争优势显著；二是担保方中国电建信用评级基础较好；三是电建海投公司四年前就设立了专业从事境外融资的香港平台公司，前面已经有了两次成功境外发债经验。于是，融资团队当即决定按原定计划发债。

6月6日，路演大戏开幕。

"此次募集资金主要用于老挝南欧江梯级电站开发、巴基斯坦卡西姆港燃

「3.5%？不可思议！」

煤电站等项目建设，这都是'一带一路'建设的重要国际能源合作项目……"

"电建海投公司已经有两次境外发债的成功经验，而且都已按期还本付息……"

路演现场，电建集团资金部主任陈波和李铮对此次融资募集资金的用途、企业发展战略及经营情况向投资者一一作答。

前后方联动，协同"作战"。电建集团财务部、海外事业部还通过现场电话联线方式，解答投资者提出的大量问题，为路演提供了强大的后方支持。

疑问一一解开，路演渐入佳境。一番积极互动之后，此次发行已受到国际投资商的热烈追捧，路演初战告捷，为后续发行定价打下了良好基础。

"定价太高，就会增加融资成本；定得太低，认购订单可能不足，就意味着发行失败。"作为现场定价最高决策者，李铮承担着巨大压力。

彼时，承销行建议将"吹风价"（初始定价）定在相对较高位置，以吸引更多投资者，确保发行成功。

但企业融资，哪能抛开成本问题。

路演当晚，李铮连夜与融资团队展开磋商。

黎明时分，朝阳正慢吞吞地从东方地平线上爬起来，而李铮却果断采取了激进的定价策略——将承销行建议的"吹风价"压到3.9%！

6月7日，发行正式开始。

当抛出3.9%的初始定价时，市场认购踊跃，得到黑石、太平洋投资、中投等国际知名债券投资机构的认可，订单一度达到188张，规模达到42亿美元。

在关注市场认购情况的同时，融资团队提前沟通，稳住基石投资人，继而进一步采取激进策略，将定价指引收窄幅度扩大为40BP。为保证订单质量，李铮又立即组织券商开会，当即关闭认购通道，马上与部分意向投资人深入沟通。最终，当机立断，确定以3.5%的超低价格向市场公布。

待所有发行工作正式收尾，已是次日凌晨两点了。

多么激动人心的不眠之夜！

6月8日，迎着清晨第一缕朝阳，李铮带领融资团队登上回北京的飞机。三天三夜的勠力鏖战，惊心动魄，终生难忘。

透过舷窗，美丽的维多利亚港湾刚刚苏醒，青翠的狮子山渐行渐远，发债前的一幕幕艰辛又浮现在眼前。

彼时，发债在即，却迟迟没有拿到发改委境外发债的批文，这可是境外债券发行的"通行证"啊！

"如果拿不到批文，将会错过最佳时机，许多工作也将前功尽弃。"而留给李铮团队的，只有7天时间。

为了取得批文，李铮带队天天奔波于国家发改委4个司、3个处之间，逐一汇报电建海投境外业务及本次债券拟发行情况。

有心人，天不负。2017年6月2日周五下班前10分钟，发改委批文终于到手！

为尽快推动发债工作落地，按照境外资本市场惯例，电建海投公司又旋即在英属维尔京群岛新注册成立"电建海裕有限公司"作为债券发行主体，迅速完成了债券发行前置及发行主体调查等一系列工作，为正式发债做好了充足准备。

香江之畔，中国电建融资团队以3.5%的超低利率成功融资，节约融资成本近9500万人民币，可谓长袖善舞，创造了央企境外发债的奇迹，这是中国电建品牌在国际资本市场的又一次精彩亮相，对央企利用境外资本市场，推动"一带一路"建设具有重要意义。

作者：吕　毅　韩国芬

「3.5%？不可思议！」

不可能完成的任务

——卡西姆港燃煤电站项目电力送出线路建设纪实

巴基斯坦时间 2017 年 11 月 1 日晚上 7 点 46 分，随着监视屏上红色的母线电压幅值稳定在 526KV，巴基斯坦卡西姆港燃煤电站项目 500KV 升压站倒送电一次成功。

这标志着卡西姆电站项目电力送出线路（一期）建成并投入使用，为电站首台机组整套启动试运行扫除了最大的外部障碍，也为提前实现首台机组并网发电的目标打下了坚实的基础。

在这背后，是中国电建人坚持问题导向的专业态度，是将风险管控放在第一位的专业精神，是整合资源、化解风险的专业能力。

扑朔迷离，困难重重，送出线路被明确为最大风险

根据卡西姆电站《购电协议》，该送出线路由巴基斯坦国家电网公司（NTDC）负责建设，最迟需在 2017 年 11 月 15 日前完工投运，以保证电站

首台机组在 2017 年 12 月 31 日前并网发电。

项目签约之后，中国电建以"跑步进场"的速度快速推进工程建设，多项节点目标提前实现。

彼时，项目公司深刻认识到，送出线路建设是决定电站能否按期发电以及投产后电力能否及时消纳的关键。自 2015 年 5 月电站主体工程开工以来，项目团队保持与巴方密切沟通，时刻关注和推动巴方加快送出线路的招标和建设。

然而，这条线路的建设却是一波三折。按照巴方原定计划，送出工程将通过一条 180 公里的 500KV 输电线路接入巴国家电网。2015 年 4 月，NTDC 首次发布该线路项目 EPC 招标公告，原定于 6 月底截标，此后两次延后截标日期。出人意料的是，该轮招标并未选出中标方。

在卡西姆发电公司连续 4 封公函的持续呼吁下，巴方终于在 11 月 25 日重新发布招标公告，计划于 2016 年 1 月截标。但是，2016 年 3 月 10 日，巴方又一次宣布招标废止。

此时，距离卡西姆电站大规模调试用电开始的计划日期已不足 12 个月！送出线路已经成为影响电站首台机组提前发电的最大外部风险。

问题导向，高端对接，举集团之力推动建设进展

虽然《购电协议》约定，如果送出工程不能按时完建，购电方将承担所有责任并向卡西姆发电公司支付巨额赔偿金。但是，因项目具有重要的政治、经济和社会意义，不论何种原因导致不能按时投产发电或发出的电力不能送出，均会对"中巴经济走廊"建设，甚至两国友好关系产生负面影响。因此，保证线路按时完成至关重要。

中国电建集团深入分析巴方多次招标失败的原因，积极向巴议会、总理府、能源部、计划发展部、中国驻巴使领馆等机构汇报沟通，同时利用中巴经济走廊联合委员会、能源工作组、专家组等多个平台向巴方呼吁送出线路建设的紧迫性和重要性。

2016 年 8 月 29 日，中国电建集团董事长晏志勇率队拜会巴时任总理谢里夫，希望巴方高度重视送出线路建设。

2017 年 4 月 7 日，晏志勇再次率队而来，表达了对送出线路建设进展缓

慢的关切。

2017年6月20日，距离首台机组发电计划工期仅剩5个月，晏志勇向巴总理写信再次表达关切。

7月初，巴总理新任命的NTDC总经理立下了按期完建卡西姆项目送出线路的"军令状"。

在此期间，电建海投公司董事长盛玉明也多次率队登门拜访总理首席秘书、水电部部长等巴政府要员，在输电线路问题上充分反映了投资人的诉求，表达了愿意共同推动解决问题的诚意。电建海投公司总经理杜春国多次召开专题会议研究应对方案。在巴能源部会议室，他摊开设计图，与巴方一起对送出线路路径、消纳容量、可选方案等问题进行现场研判。

卡西姆发电公司成立了专门的工作组，每周都到巴方施工现场跟踪进展，并及时报送巴总理府等主管部委，通过巴政府敦促国家输配电公司加快进展。

经过不懈努力，在原计划的180公里输电线路不能满足卡西姆电站工期要求的情况下，项目团队成功说服巴方研究出台了一套更具可行性的替代方案，即分两期实现电力外送，一期为新建一条53.6公里的500KV线路接入当地变电站消纳项目电力；二期根据情况，在一期基础上适时新建一条约75公里的500KV线路接入建设中的660KV直流输电线路换流站。

此时，一个更严峻的问题出现了。由于前期规划和建设进度持续滞后，一期线路进度已经不能满足电站2017年4月大规模调试用电需求，项目迫切需要接入稳定的施工供电电源。

卡西姆项目所在地的输配售电业务由独立于国家电网的卡拉奇电力公司（KE）负责，属于信德省的反对党政府管辖。受党派之争和央地政府协调的影响，KE电站能否提供调试用电成为摆在项目团队面前一个大大的问号。

对此，卡西姆发电公司多次组织联邦政府和地方政府召开专题协调会议，呼吁央地政府和当地政党正确认识卡西姆项目是面向全巴、惠及全巴的利国利民工程，同时采取一系列公关行动，最终说服了KE电站放弃诸多不合理要求，解决了项目施工调试的燃眉之急。

勠力同心，久久为功，中巴兄弟联手打好攻坚战

53 公里的一期输电线路，看似不长，但是穿越工厂密集的工业园区，深入地形复杂的无人沙漠区纵深地带，所在地域自然条件非常恶劣，线路路径选择难度及施工难度极大。巴方政府有的官员在现场踏勘后，都觉得要在 11 月完成线路建设是"不可能的"。

卡西姆发电公司积极主动推动送出工程建设。在极短时间内，发电公司协助 NTDC 取得了卡西姆港务局用地批复、海军用地批复等一系列困难。

也许是被中国兄弟的真诚、勤奋和认真所打动，巴方人员的工作积极性也被极大地激发出来。巴方工作人员克服了连续多日的高温酷暑天气，延迟甚至放弃了休假，施工速度明显加快。同时，中巴团队一起联手作战，详细梳理了各项工作计划、实施困难和应对措施。在线路建设后期，双方提前协商好物理完工后的一系列调试工作，涉及通信、远动、继电保护、计量等多个部门。

NTDC 总经理多次率队到现场指挥工作，并委派其副总经理带领电网公司、中央购电局、国家电网调度中心等各相关单位 30 余位资深工程师连续多天驻扎卡西姆电站现场办公，不分昼夜地连续工作。

中巴兄弟的联手突击，在 3 天内高质量完成了通常需要半个月以上的 500KV 输电线路和升压站受电调试和倒送电运行操作，所有问题以最快的速度得到解决，在最短时间内完成了调试工作，实现倒送电。

"这样的工作状态，是我们团队从未遇到过的！"NTDC 副总经理深有感触地说。

作者：何时有　肖　欣

初到尼泊尔的"水土不服"是这样克服的

一项工程，凝聚了多少的付出与辛劳，又蕴含着怎样的意义？尼泊尔上马相迪项目，让我们从另一个角度看到了工程建设的价值与美妙。

上马相迪 A 水电站坐落于尼泊尔西部的马相迪河，距离加德满都约 180 公里，电站总装机容量约占尼泊尔总装机容量的 5.72%，每年将提供约 3.17 亿千瓦时的合同电量。中国电建采用 BOOT 模式投资开发，总投资额约 1.66 亿美元，特许期共 35 年。

首次以投资者的身份来到尼泊尔，难免"水土不服"——在项目审批方面没有任何经验可循，当地政府也没有明晰的办事指南。如果某个环节缺少任何一份支撑文件，整个流程都需要推翻重来。作为一个资源高度依赖进口的国家，有些施工材料还需要进口国政府的审批许可。此外，尼泊尔政府部门的办事效率也着实令人头痛。

"按照常规，一项手续可能几年都走不完，还有可能被束之高阁而最终丢失，所以我们要安排专人跟踪，遇到问题随时解决。"项目公司与尼方打交道的员工深有感触，"申请爆破许可和森林土地许可时，我们每天去蹲点，功夫不负有心人，这两项文件最终只用了半年时间就批下来了"。正是凭借这样的毅力，上马相迪项目各类批准均实现高效审批。

社会关系的处理是尼泊尔工程项目开发建设面临的重大难题。该项目自2013年1月开工，就频繁遇到阻工事件，枯水期3个多月的施工黄金期，都因阻工而耽搁。项目公司先后6次召集附近村民，了解他们的诉求，并召开项目推介会，宣传该项目对于推动尼泊尔经济发展的重要作用。

在项目公司的支持下，一个由50余人组成的协调委员会正式成立，委员会成员都是由村民推荐的当地有影响、有威望的人。委员会的职责包括协调理顺社会关系、出面解决罢工阻工、协助项目征地、帮助项目公司细化分解社会责任工程。协调委员会成立之后，作用立竿见影，阻工事件越来越少，村民们对于工程建设也由最初的反对变为理解和支持。中国驻尼泊尔大使馆也称赞上马相迪项目是大使馆唯一没有收到负面信息的项目。

根据当地法律，尼泊尔政府的外资投资批准文件所用资金均以卢比计算，并以此作为注入项目公司资金的上限。在上马相迪项目建设的4年中，卢比

兑美元汇率贬值约 30%，如果按照该项目最初批准的卢比金额，项目建设可能会因资金不足而停工。唯一的办法就是获得尼泊尔工业部对项目卢比总投资额增加的批准，这在尼泊尔也未曾有过先例。

面对挑战，项目公司积极与相关政府部门沟通协商，提供充分的支撑文件，最终获得卢比总投资额增加的批准函。上马相迪项目由此成为尼泊尔第一个因货币贬值导致项目总投资额增加，而最终获得总投资额增加批准的外资投资项目。

2016 年 9 月 26 日，在中国电建迎来成立五周年的日子里，由中国电建以全产业链"一体化"模式投资建设的尼泊尔上马相迪 A 水电站首台机组投产发电。从此，中国企业"走出去"的世界版图上又多了一处闪亮的坐标。

作者：耿兴强

初到尼泊尔的「水土不服」是这样克服的

检修厂房里的新年愿望

　　新春伊始，柬埔寨甘再水电站 PH1 站厂房内，一台额定功率 61.86MW、固定导叶 24 片、活动导叶 24 片的立轴悬式结构混流式机组正等待着工人们组装零件。

　　身着工作服的检修班长林兴平戴好手套，几步就钻进了狭小空间的发电机下导轴承内，接过工友递给他的塞尺，熟练地进行测量、计算、调整轴瓦间隙。他调整的轴瓦是确保水轮发电机组正常运行的关键的四导轴承支撑（即推力、上导、下导轴承和水轮机水导轴承支撑）之一。

　　已是晚上 8 点多，55 岁的林兴平和他的工友们依然在紧张地忙碌着。

　　自 2018 年 1 月 2 日起，利用柬埔寨旱季，甘再水电站 PH1 站和 PH2 站同时启动检修工程，内容涉及两个电站四台机组主机的拆解、检修、技改、回装及机组辅助设备的检修，34 名中方人员和 20 名柬埔寨员工，共同组成了检修团队。

　　"不足两个月的时间，要完成首批两台机组的 135 余项检修技改工作，整个工期非常紧张，所以春节期间工作也没有停止。"检修现场技术负责人罗挺

介绍道。

　　此刻，两个电站厂房里的30名工人已开始提前清扫导水机构的零部件，为明天的导水机构的回装检修工作做准备。7平方米的工作面上，整齐地摆放着拐臂、连板、分半键、剪断销、螺栓等上百个配件。有的工人忙着清洗零部件并进行防腐，有的在用液压手推叉车将密封盖板和导轴瓦转运至水车室外，有的则在准备手拉葫芦和起吊工具。

　　每天早上7点半开工，晚上9点收工，这是这些检修工人春节期间的作息时间。即便是大年三十晚上，也是一直忙到晚上7点多，除夕年夜饭才正式开始。

　　这样的工作要求和强度，曾经让柬埔寨员工很不适应，但随着检修工作的推进，很多柬埔寨员工也逐步成长为专业技术骨干。

　　当然，也有例外。"大年初一那天，我们组织了一场'贡布省半日游'，给家人买了些当地的土特产，来柬埔寨都快两个月了，终于知道山外边的世界是什么样了。"检修工贺勇笑呵呵地说。

罗挺说："忙完首批两台机组的检修，另外两台机组也将随之进行大修，且要抢在 4 月中下旬雨季来临之前必须完成。时间紧、任务重，所以大年初一这短短一天的休假，对于检修的这帮兄弟来说，变得异常宝贵。"

由于柬埔寨跟中国有一个小时的时差，每天忙完，中国已经接近晚上 10 点。为了不打扰中国亲人休息，工友们购买了当地电话卡和包月流量，利用中午一小时的休息时间，通过 QQ 和微信，跟中国亲人联系，报个平安。

"过年了，一定要注意安全，别伤到手脚，有机会明年带个女朋友回家过年。"母亲的叮嘱和唠叨，让年轻的检修工余豪很不好意思。

电焊工廖大鹏则最喜欢看家人发给他的老家过年的场景。村头的老槐树，热情的秧歌队，满桌子的年夜饭，还有亲人们的笑脸，让他看了一遍又一遍。

"两个月不见，我儿子都会走路了，哈哈！"机电工龚向阳端着手机视频，不断给身边的工友分享。

……

"希望我们的祖国繁荣昌盛，公司蒸蒸日上，家庭和和美美。"工友们一边忙碌，一边许下了新年的愿望。

作者：刘向晨

决不让南欧江受到任何污染

"看，那是我们的设备库房，那边是渣场。"电建海投南欧江一期项目负责机电物资的郭瑞，站在二级电站右边的山坡上，指着远处的场地向大家介绍。"为什么选址看起来有点远呢，就是考虑到环保的需要，我们的目标是不让一滴废油、一点污染源流入南欧江。"

走进物资库房和设备场地，我们发现，到场后还未安装的机电设备，都被细心地加上保护外衣，外面挂着清晰的标识牌。对于内部存有润滑油等油料的设备，还要在下面加一个油料托盘，防止油料泄漏造成污染。

骨料生产容易造成扬尘和噪声，是环保工作的一个难题。可是当我们走进二级电站的骨料生产场地时，看到的却是湿润的地面，整洁的周边环境。

施工单位水电十局的项目经理介绍说，为了防止扬尘，在二级电站，有六部洒水车，定时定点进行洒水处理，骨料生产设备则由拌和站升级为拌和楼，并加装了除尘设施，设置了三级沉淀池，每隔一到两天定时清理。对于噪声，在选址时就考虑到背向村庄的方向，并下决心停止了夜间施工。

而在五级电站，为解决料场的环保问题，付出的代价更大。料场被选在了距离电站施工现场 30 公里外的山上，为此付出的运输成本不言而喻。

为改善交通，并方便附近的村民出入，进场的道路由原来的 6 米加宽到现在的 8 米，并在两侧修建了永久性的排水设施。在渣场还专门修建了垃圾场，实现垃圾分类存放，按照规定处理。在机修厂，专门设置了集油池，更换下来的废油收集后进行二次利用和集中回收处理。

"我们的成本和投入虽然增加了，可换来的是村民的理解和认可。"十局项目经理笑着说。

在二级电站的施工现场，混凝土运送车、设备运输车等各种机械车辆来回穿梭，起重机、履带吊等各种机械设备紧张忙碌，一派繁忙的施工景象。郭瑞介绍说，"十二月二日是老挝的国庆纪念日，为了向老挝国庆节献礼，我们要赶在 12 月之前，确保一号机组投产发电。这也是见证中老两国深厚友谊的一份珍贵礼物"。

如此一来，整个二级电站的工期要整体前移四个月。既要加快施工进度，也要确保安全、质量、环保的可控，中国电建人肩上的担子忽然变得沉重起来。

这种压力，传递到了每一名电建员工，并转化为推动工程建设进展的动力。李效光是一个机灵聪明、勤奋努力的山东小伙子，33 岁的他已经经历了

三峡右岸、马来西亚沐若、老挝南立等多个水电站建设。他告诉我们："在南欧江项目，对生态环保的重视，超过了以往经历的电站。环保标准和实施计划不但贯穿整个项目周期，而且近期将实施南欧江一期电站环境整治计划，进一步加强南欧江的环保工作。"

李效光提到的环境整治计划，是电建海投针对南欧江一期项目，进行仔细检查梳理后，形成的"强化版"环保工作指导文件，不但对前期的环保工作进行"回头看"，而且对下一步的环保工作进行了详细的安排和部署。这个计划，得到了老挝环境保护部门的认可和高度评价。

系统化、科学化、规范化，成为南欧江项目环保工作的突出特点，一系列的计划和措施，使该项目的条条措施真正落到实处，让自然生态真正得到了保护和改善。

作者：耿兴强

决不让南欧江受到任何污染

这里第一条出山公路，通车了！

　　"要想富，先修路。"在中国，这是人们耳熟能详的一句话。在老挝偏僻的大山里，更是如此。

　　电站筹建阶段，六级水电站库区移民安置工程，修建了一条长 27 公里的泥结公路。经过反复的研究比对，为了方便当地百姓出行，电建海投放弃了最初沿江修建的规划，改为沿山寨修建，用公路将分散在山间的姜卡巴、瓦岱等多个山寨连在一起，并连接到老挝南北大动脉 13 号公路，从而解决村寨出行的交通难题。

　　这条公路，虽然总长不到 30 公里，却需要修建 1 座大桥，多个涵洞基础，总投资达 700 多万美元。在企业效益和村民利益面前，电建海投公司毫不犹豫地选择了后者。为了更好改善老挝北部丰沙里地区交通，促进当地对外连通互动，电建海投决定在电站正式运营前升级改造这条 27 公里长道路，这无疑是给当地政府和村民送上了一份深情厚谊的大礼。

　　公路工程开工那刻，筑路大军到来了。挖掘机上下挥舞着臂膀，碾子强有力地振动着，压路机来来回回地忙碌。听说要修一条高规格的公路，以后走村串寨再也不用满脚泥泞了，无数村民偕妻带子从很远的山寨前来观看。小孩子远远地跟在压路机旁，兴奋地叫着、跟着、跑着。大家的脸上，绽放着灿烂的笑容，洋溢着对未来的憧憬。

经过数月的连续奋战，公路全线贯通。这成为这里千百年来第一条出山的公路，彻底结束了当地只能靠水上交通出行的历史！

数字也许更有说服力。南欧江一期项目自 2011 年筹建以来，为当地共新建、改扩建公路约 250 公里，修建大桥十余座，路涵十余座；建成 8 个集中的移民新村及配套设施，搬迁或自主安置移民 1100 余户，捐赠家具十余批次，改善了当地 20 余个自然村的生产生活条件。

基础设施的建设和升级，为当地村民生活带来了新的机遇。宋沙是帕景村的养殖大户，他养了十多头牛，100 多只羊。以前路不好走，牛羊出栏，只能用木板车拉出去，路上要走一天一夜。如今不用出门，一个电话就有人来上门收购了。40 岁的丽在家里用传统的工艺织布，已经当奶奶的她，看起来还是那么年轻漂亮。她高兴地说："我以前织点布，只能自己穿一穿，现在公路修好了，外面的商人还有旅游的人来的多了，我的布都能当工艺品卖了。"

生活上的便利就更不用说了。2017 年 7 月 7 日晚上，哈庞村的利突发急

这里第一条出山公路，通车了！

性阑尾炎。这个 25 岁的小伙子疼得满头是汗，在床上直打滚。大家赶紧把他送往医院。面包车在平坦的公路上一路疾驰，一个多小时便赶到了琅勃拉邦省医院。手术顺利结束了，利仅住了一星期就康复出院。利的家人说，"要是在以前，我们山里人到医院至少要一天一夜，那是什么后果，想都不敢想"。

村民们先后购买了拖拉机、摩托车，有的在路边开起店铺做起买卖；当地政府组织村民砍掉了路边的灌木，准备大面积种植经济作物。村民的生活，像一艘加足马力、高挂风帆的巨轮，载满了对未来的希望，乘风破浪，扬帆起航！

当地村民还有一个期望。他们听说，中老铁路正在加速推进，他们热切盼望着铁路早日修通，也可以坐火车去中国看看，去看一看勤劳智慧的中国人民的家乡！

一阵突如其来的阵雨过后，阳光为朵朵薄云染上金边，柏松瑞草，雨露滋润，黛色含青，中国电建人果敢坚毅的脸庞，老挝村民朴实友好的笑颜，像一首抒怀的诗，像一支铿锵的曲，萦绕回荡在心间，久久不能散去……

作者：耿兴强

经受大地震考验的中尼友谊丰碑

尼泊尔当地时间 2015 年 4 月 25 日上午 11 点 56 分，大地深处传来一阵巨响，一时间地动山摇，上马相迪项目营地内房屋、桌椅、吊灯、车辆都随着大地剧烈晃动……尼泊尔发生 8.1 级大地震，震中在距离上马相迪项目仅 34 公里的博克拉。

震后第三天，项目公司联合工程监理、设计、施工单位组成检查组，对整个施工区域的所有作业面进行了全面细致的加密监测和评估。经过一天的认真排查，最终得出大坝厂房、引水隧洞、闸坝等建筑物在强震中无一受损、质量完好的结论。

但是，真正的困难才刚刚到来。

为确保安全度汛和发电目标，在余震时有发生的情况下，上马相迪项目着手复工的准备工作，"尽快恢复生产"是所用参建人员的共同心声。

然而事与愿违。中国与尼泊尔的聂拉木、樟木等口岸及道路受地震影响损毁严重，被迫关闭。尼泊尔部分主要交通要道被破坏严重，大部分供应商停止经营，现场钢筋告急、水泥告急、施工配件告急、火工材料告急……

震前，上马相迪项目引水隧洞开始全断面衬砌施工，大坝三个弧形闸门挂装完成，其中两个闸门具备启闭条件，水电站厂房即将进入机电安装，大批设备已经运输至拉萨，准备通过樟木口岸运至工程现场。而大地震导致当地劳务工因救灾流失，从中国陆路进口的货物因口岸关闭而停滞，重新复关遥遥无期。

机电设备安装在即，项目公司决定放弃陆运改海运转印度进口至尼泊尔。一批批机电设备陆续启程，通过陆路从拉萨运送到上海港，又经过 20 多天的海上运输，到达印度加尔各答港口。

恰在此时，2015 年 9 月下旬，印度以安全为由关闭了与尼泊尔边境的口岸，物资供应中断，尼泊尔全国面临燃油等物资短缺！

上马相迪项目永久机电设备再一次滞留，无法离开印度加尔各答港口和印度尼泊尔边境的比尔甘吉口岸。与此同时，口岸封闭导致项目现场燃油等重要施工材料和生活物资供应紧张，施工机械无法正常运转，项目建设进度严重受阻。

生产生活物资短缺，安全形势严峻，在尼泊尔的一些中国企业、其他国公司纷纷组织人员紧急撤离。

在如此严峻的情况下，项目公司坚守现场、积极应对，在确保人身和财产安全的前提下，坚持组织参建各方积极有效开展应对工作，想方设法获得生产和生活物资——蔬菜等食物断供，没有油炒菜做饭，就到附近村民家购买，就用柴火生火，努力收集柴油优先保障施工机械工作，确保主体工程关键部位的施工。

与此同时，项目公司通过各种渠道协调被困在口岸的机电设备。就是在这样艰苦的环境下，上马相迪项目工程进度断断续续、艰难推进，成功实现了当年厂区坝区的度汛目标。直到 2016 年 2 月，印度恢复开放尼泊尔口岸，剩余的机电设备才全部运抵项目现场。

有一种精神叫永不放弃。在海外投资开发项目，困难远比国内要多得多，但凭着永不放弃的精神，项目建设成功走到了最后。

"上马相迪项目为以后的外资进入尼泊尔树立了标杆!"尼泊尔能源部部长沙玛在投产仪式上说,"中国'一带一路'倡议对尼泊尔的发展有很大帮助,尼泊尔将提供更多的机会,希望中国电建在尼泊尔参与更多的能源投资与建设。"

面对诸多困难,上马相迪项目勇毅前行,创造了令人瞩目的业绩,在国际上树立了中国企业的新形象。

中国驻尼泊尔大使馆商务参赞程霁称赞:"上马相迪项目仿佛一把量尺,标注了中尼能源合作的新高度。"

作者:耿兴强

石碑见证，友谊永恒

45岁的姜它是哈克村的一位妇女，几十年来她一直生活在老挝大山里。她告诉我们："山里人很容易知足，一辈子只要有房子和孩子这两样就够了。"

简单的一句话，说出了村里人对住房的诉求。长年以来，姜它一家住的是以木做桩、四周竹席为墙、茅草做顶的简易房屋。"一到老挝雨季，外面下大雨，屋里下小雨，锅碗这些都要摆满用来接水，室内潮湿，鼠蚁虫害肆虐，别提多难熬了。"

在哈克村，像她家这种情况的不在少数。这个村，正是二级电站搬迁的7个村之一。根据项目建设规划，要为7个移民村建设两座移民新村。移民新村的建设，事关老挝当地民众的切身利益，直接影响他们的生活。面对这个备受瞩目的项目，电建海投注重"属地化管理"，不但在选址上反复对比，选取既要安全可靠，不受自然灾害影响的地段建设，又要考虑到周边环境和生计恢复便利，便于村民的日常生产生活。在移民新村房屋的建设上，也更加尊重当地人的传统生活习俗，还进一步配套建设了村医务室、学校、寺庙、交易市场、供水、公厕等设施。

经过反复改进和不懈努力，在南欧江二级电站，两座经过精心设计的移民村拔地而起。根据当地人的习俗和气候特点，一层被设计成架空，既通风又防潮，二层用木材做墙，既保温又实用。而在五级电站，因为气温较低，木板无法满足要求，项目公司就加大投入，建设了全部混凝土材料的新房。

　　走进帕景村村民松栗的家时，他们一家人正在有滋有味地吃着午餐。男主人说："新修建的房子好住又好用，而且给设计了粮仓，再也不用为储粮发愁。"他还高兴地说："村里的道路也修得很好，出门很方便，自来水通到了每一户，这在以前是想也不敢想的。"

　　帕景村民申的新家，已经把原预留四周敞开的一层，用砖石砌隔做成自我需求的居室，改造成两层别墅的样式。村里大部分都是这样改造，并被爱美的村民刷上了各种鲜艳的颜色，使本来就整齐划一的四排房子，俨然成了一个五颜六色的别墅区，成为大山里一道亮丽的风景。

　　稻田是村民的命根子。2012 年 7 月，哈克村的潘通等几户人家就为了稻田的事愁眉不展。原来，根据早期的设计，在二级电站的下游右岸，有一片 100 多亩的稻田，因为位置和平整度都非常理想，计划征用建设营地。在现场考察后，发现这片稻田关系到多户村民的生计。在反复研究后，电建海投决定将二级电站的营地选择到附近的半山腰上，把这片稻田完整地保留了下来。

　　这个消息让潘通他们足足高兴了好几天。让他们高兴的还远远不止这些，项目部考虑到这片稻田灌溉困难，又组织施工人员，专门为他们修建了一条一公里长的引水渠，让这片稻田实现了旱涝保收。收成有了保障，减少了村民上山打猎伐木，使电站库区动植物得到了有效保护。

　　温天是琅勃拉邦省环境厅的技术员，从工程开工以来，他便长驻在哈克村开展环境检测工作。他说："中国电建在项目建设中，很注意对环境的保护，措施也十分到位，特别是改善了附近村民的交通和生活环境，广大村民十分满意，也希望电站在二期的建设中，继续保持好这种做法。"

　　南欧江一期工程为当地修建了公路 250 余公里、桥十余座、涵十余座，

电站建成后南欧江河道通航条件进一步改善，极大地改善了电站周边基础设施条件，结束了近 20 个自然村不通公路的历史。这些变化，为当地人们安居乐业提供了保障，对经济社会发展起到了重要的推动作用。

2015 年 3 月 12 日，由老挝环境部环评司、丰沙里省环境厅、丰沙里县环境局组成的检查组，来到六级水电站建设现场，详细检查了环境保护管理工作，他们高兴地评价道："项目公司克服了种种困难，坚持高标准地落实环保措施，取得了良好的效果，中国企业建电站我们很放心。"

琅勃拉邦和丰沙里两省也对南欧江项目环保工作高度认可。2015 年 8 月 19 日，两省发布省长令认可南欧江项目一期的库区环境治理工作，指出"南欧江一期库区治理，克服了交通闭塞等困难，坚持全程跟踪管理、巡查捡漏，高标准完成了库区林木调查处置、边界界桩加密、未爆炸物清理、漂浮物打捞等工作，为南欧江流域生态保护和电站库区环境保护打下了坚实的基础"。

如今，一块刻有中老两国国旗和"中老人民友好象征"字样的石碑，立在了哈克村和哈庞村合并建设的移民新村村口，它作为中老友谊的见证，娓娓地诉说着中国电建南欧江梯级电站建设的动人故事！

作者：耿兴强

为了这片绿水青山

从老挝的琅勃拉邦县，沿着贯穿老挝南北的 13 号公路——一条由中国援建的大动脉，一路北行，经过一个半小时的车程，南欧江梯级开发的二级电站就赫然出现在了眼前。

放眼望去，电站巍然横跨江水两岸，滚滚江水从闸门奔腾而出，顺势而下。大坝关闸蓄水，让大自然的神奇动力转化为宝贵的电能，为千家万户送去光明。

电站两侧，青山如画，云雾缭绕，恍若进了一个景色优美的世外桃源。电站两岸及上下游，护坡经过绿化，几乎见不到工程施工留下的痕迹。不远处的半山坡上，电建海投白墙红瓦的业主营地，映衬在苍翠的青山之中，与大自然巧妙地融为一体，构成了一幅人与自然和谐相处的美好画卷。

电建海投公司董事长盛玉明说："注重生态环保，是我们推进项目实施的出发点，也是落脚点。从设计之初，我们就提前考虑到环保问题，在遵守国际准则和老挝当地环保要求的基础上，设计了完善的环保工作方案，取得批复的环境评价报告，系统规范地实施南欧江项目的生态环保管理。"

在环保工作的标准上，南欧江项目遵循的是"就高原则"。在与老挝政府签订的 CA 协议及其附加环境和社会标准责任协议中，协议标准参照世界银行、国际金融公司的环境和社会准则予以制定，明确规定了环境和社会责任标准采取"就高原则"。中国电建采用最高标准履行环保责任，这是中国电建对自己的挑战和严格要求，也是对南欧江流域环境保护的决心。

工程规划之初，设计者从环保角度出发，经过反复研究论证，确定了"一库七级"的方案。对比其他国外公司，这个方案不但土石方开发量小，将工程施工带来的环境影响降到了最低，而且"七级联动"的运营调节方式，对流域的生态系统平衡做了最大的保护。水电站建成对调节流域内季节性旱涝，提高下游防洪能力，保证下游农田水利灌溉，减少水土流失，保护生态平衡发挥了积极的作用。

为强化环保管理，南欧江流域公司成立了"环保水保管理委员会"，发布

了《水电站环保水保管理委员会章程》，并请政府和当地民众参与监督，确保环保工作落实到位。

在点点滴滴的细节上，处处体现着中国电建人的智慧。为达到环保要求，低边坡开挖要求不能超过 50 米，以最大限度地防止泥石流。在电站两岸边坡上，全部制作了网格固定设计，在网格中栽种绿草树木，恢复植被保护。

2013 年 3 月，上万条鱼苗在大家的呵护下被投放到南欧江，这是电建海投赞助老挝琅勃拉邦环境部门开展的生态保护活动。欢快的小鱼在水中畅游，传递着人类对自然的关爱，也展示着人与自然的和谐。每逢老挝植树节与世界环境日，南欧江流域公司积极组织参加"爱护地球、保护家园"主题活动，并拿出专项资金，支持和推动此项活动。

阿奔是电站附近哈克村的捕鱼能手，他向我们展示昨天刚刚捕到的鱼，足足有两斤重，样子看上去像鲇鱼，这里的村民通称江鱼。村里老村长告诉记者："虽然工程很大，但对江里的鱼类及水生环境影响很小，而且经过投放鱼苗、水环境保护等措施，我们现在还是像以前一样捕鱼生活，随时可以吃到南欧江里的鱼。"

之所以在环保上有如此之大的投入，是中国电建"他乡做故乡"的理念实践。

"水电站是百年工程，投资方电建海投的运营期长达 30 年，不但要建好管好经营好电站，将来移交也要让老挝政府和人民满意。所以我们在生态保护上不遗余力，全面融入当地的生活，在这里扎根、发芽和开花，这样才能让'走出去、走得稳、站得住'的战略落地。"盛玉明说。

作者：耿兴强

为了这片绿水青山

非洲矿业的"中国结"

很多外国朋友都特别喜爱中国特有的工艺品——中国结,因为它凝聚着中国智慧、中国理念、中国情怀和中国文化。华刚矿业股份有限公司(以下简称"华刚矿业"),就是这样一个在非洲矿业领域创造中国速度、践行中国理念、弘扬中国精神、传播中国文化的"中国结"。

中国智慧创新合作模式

2007年8月,首都北京艳阳高照,热浪滚滚。

受中国商务部邀请,时任刚果民主共和国国务部部长兼公共工程及基础设施重建部部长的奥孔高先生率领政府代表团来到中国。他们一行的主要任务就是要与中国企业谈判一种后来被他们高层领导称赞为"划时代的、史无前例的"合作模式。

2006年12月,刚果(金)总统当选后,启动国家重建计划和"五大工程",拉开了该国"现代化革命"战略的帷幕,因此,这次刚果(金)政府代表团来访,就是为他们国家的重建和发展寻找资金的。

　　巧的是，差不多同一时间，在国家"走出去"战略的指引下，中国企业也正在进行着一场产业模式的结构性重大调整。

　　在中国商务部、中国进出口银行的牵线搭桥和积极谋划下，一个凝聚了中国人特有智慧的合作模式诞生了，这就是"资源换项目模式"，而在刚果（金），这种模式的官方称呼是"资源财政化一揽子合作模式"。这种模式既能满足刚果（金）基础设施落后急需重建的迫切需求，促进国家经济发展，又能发挥中国企业的传统优势，开辟基建项目的海外市场。因此，引起了双方极大的兴趣。

　　2007 年 9 月，由中国进出口银行、中国中铁和中国电建组成的联合代表团，在刚果（金）首都金沙萨签署了《项目换资源协议》，确定了项目换资源的基本框架。2008 年 4 月 22 日，中刚双方正式签署了刚果（金）一揽子合作项目的有关协议和文件，并于 5 月 13 日获得刚果民主共和国议会正式批准。

2008年9月，作为中刚"资源财政化一揽子合作模式"主体——华刚矿业在刚果（金）完成注册手续。2009年1月，中国商务部正式发函批复同意中国电建、中国中铁等中资企业合资在刚果（金）设立华刚矿业。

一个以中国智慧创新的合作模式正式诞生了。

中国理念促成合作共赢

习近平总书记指出："中非友好历久弥坚、永葆活力，其根本原因就在于双方始终坚持平等相待、真诚友好、合作共赢、共同发展。"

短短几年时间，"资源财政化一揽子合作模式"下的一系列项目纷纷落地，大大推动了当地经济发展，改善了市政形象，促进了当地就业，提高了人民生活水平。

2015年10月，华刚矿业铜钴矿采选冶一期工程仅用两年半就提前正式投产，创造了非洲矿山建设的中国速度。通过实施基建和矿业项目，中国企业给非洲带去了技术、资金、经济动力以及大量就业人数，得到了刚果总统、总理、政府要员以及联合国计划署和国际货币基金组织代表的高度赞扬。

2015年5月，刚果（金）外交部副部长安东尼·博雅巴在给华刚矿业的留言中写道："中刚两国的合作能够造福我们两国人民。今天，通过华刚矿业，我们收获了双赢的果实，中刚人民友谊万岁。"

中国情怀造福刚果人民

2013年4月，华刚矿业项目一期工程开工不久，公司负责人就明确提出了要处理好"企业与当地政府、刚方劳资、周边社区以及企业发展与环境保护"的四个关系。

为了保护当地环境，华刚矿业在矿山建设和生产的技术方案中采用清洁生产工艺，采取合理、可靠、可行的综合防治措施，抓住废水处理这个关键，在生产中最大限度地使用采坑废水，选冶生产用水循环利用。

为了保护员工人身安全，公司加强劳动保护，坚持定期安全检查制度，在安全管理中导入中国特色的群众安全员制度，及时纠正"三违"行为，公司还采用边坡雷达、红外线报警等高科技措施，实时监控重点部位，预防各种安全事故。

为了改善矿区周边居民生活，华刚矿业把社区建设纳入公司发展规划，与刚方员工及周边居民共享企业发展成果，近年来先后投入 360 多万美元在当地实施社会公益项目。

华刚矿业的种种善举，得到了当地百姓的热烈欢迎和交口称赞，也得到了当地政府的高度评价。刚果（金）卢阿拉巴省省长黑沙合·穆耶盛赞华刚矿业近年来为卡巴达镇修缮校舍、供电、修路等方面的善举，称华刚矿业是社区的朋友，是刚果人民的朋友。

中国文化点亮员工梦想

"你们能把中国文化的传统和做法在刚方员工中成功运用，我感到很惊讶，也很敬佩"，联合国开发计划署驻刚果（金）代表普丽娅·加基哈吉女士对华刚矿业定期评选刚方"星级员工"的做法表达了由衷的赞许。

华刚矿业从 2014 年起开始每月开展"星级员工"评选，每年还进行"星级员工标兵"表彰，不定期开展各种劳动竞赛活动，增强了中刚员工的责任感、荣誉感和企业归属感。

一直从事人力资源管理的米歇尔在 2015 年 10 月华刚矿业"百日安全活动"中被评为安全标兵并获得了一辆中国式自行车，他说："这个奖励让我赢得了邻居们的尊重，同样也引发了他们对华刚矿业的兴趣和向往，他们不停地喊'华刚矿业是我们向往的未来，前进的方向'，而我的妻子和孩子们的嘴角始终挂着微笑，以最热烈的方式迎接我的归来，这是我前所未有过的生活！"

司机卡玛达在参加公司的一次征文中写道："从成为华刚矿业一员的第一天开始，一种中国式的管理模式、中国式的企业文化以及中国文字和语言就融入了我们生活中，改变了我们曾经一些固有的思想文化见识，推动着我们与华刚矿业共同成长、共同进步。"

在华刚矿业及其合作项目中，像卡玛达这样的员工有近5000人，当地员工属地化率达到了80%，他们遍布公司高管、中层管理以及操作工等所有岗位。

为了让来自不同国家、不同系统、不同领域的员工统一目标，共同奋斗，华刚矿业大力倡导"融入"文化，开展"斯法汉语大家学"活动，让中方员工学习斯语、法语，刚方员工学习汉语，促进文化融合；经常组织中刚员工开展各种体育比赛和娱乐活动，互相学习、互相交流，促进行为融合；在圣诞节、刚果独立日、新年元旦以及中国春节前夕，公司领导走访慰问表现优秀和家庭困难的刚方员工代表，以中国特有的方式向刚方员工表达友善，传递温暖，促进情感融合；通过共同融合，形成了"中刚两国一家亲，中刚员工一

家人"的企业氛围。

中国结是吉祥幸福的象征。华刚矿业这个非洲矿业的"中国结",也一定会在互利共赢、共同发展的进程中结出更多硕果,给更多的中刚两国人民带来吉祥和幸福。

作者:韩忠艺

对许多人来说，"一带一路"意味着更好的生活环境、更宽广的人生舞台。

来自老挝的小婉和星星两姐妹在南欧江项目收获了美好的人生幸福；巴基斯坦青年阿萨拉姆做了 10 年的"摩托车梦"，因参与卡西姆电站建设，几个月就实现了；尼泊尔汉子希苏巴在上马相迪项目找到了希望工作到退休的事业；印尼华裔女孩蓝梅珍跟随中国电建实现了文化寻根的梦想……

在"一带一路"建设的过程中，像这样因交往而亲密、因开放而受惠的故事在不断发生，续写着和平合作开放包容、互学互鉴、互利共赢的丝路精神。

共享

GONG

XIANG

一个叫小婉的老挝姑娘

南欧江流域位于老挝北部地区，发源于中国云南江城与老挝丰沙里接壤的边境山脉一带，是湄公河左岸老挝境内最大的一条支流，可开发利用的水能指标优良。早在十年前，中国电建就积极跟进并成功取得了南欧江全流域开发权，与南欧江及沿岸人民结下了不解之缘。

一见到小婉，就知道她是典型的老挝姑娘，端庄贤淑，彬彬有礼，脸上永远洋溢着快乐的微笑。

小婉的老挝名字叫 Song，"小婉"是在中国读书的时候取的中文名，她的姐姐叫星星（Sing）曾在南欧江一期项目工作过。

正是在姐姐的影响下，小婉也努力学习了中文，并于 2017 年 5 月进入老挝南欧江二期项目公司从事后勤工作。"我喜欢和中国人工作的氛围，高效、迅速，每天都过得很充实，所以当时一听说有机会进南欧江项目公司可高兴了！"小婉用娴熟的中文讲述着自己的感受。

工作上，小婉和姐姐一样，勤奋好学，不怕吃苦。工作之余，小婉更是大家的"老挝通"，经常为大家答疑解惑，介绍老挝的风土人情和物产民风，还邀请大家去她家里做客。

公司中方同事对小婉的评价很高："这姑娘很勤快，随叫随到，每天早上一大早就来上班了，打理办公室。"项目公司领导说："别看小姑娘来的时间不长，人很聪明，很快就融入了团队，我们就需要这样的老方人员。"

"目前，作为老挝人能找到这样的外资公司工作，在当地是很被羡慕的，我很珍惜在中国公司工作的机会，大多数老挝人没有这样的机会。在这里，大家都愿意帮助我，学到了很多新鲜的东西，接触到外面的世界很大、很精彩。"小婉自信地说。

再过几个月，小婉的姐姐星星就要结婚了，而她未来的姐夫正是在南欧江二期项目工作的中方翻译。这对姐妹花均在中国电建海外项目结下了情谊，祝福这对南欧江上的"姐妹花"能收获她们人生更多的美好与幸福。

前几天，南欧江二期项目公司应邀参加了当地学校中文进修班结业典礼，小婉与公司代表一同出席，了解了中国老师在老挝支教的故事和当地学生学习中文的情景，感受了浓厚的汉文化氛围。据小婉介绍，在中国"一带一路"倡议影响下，很多外资公司进来了，现在中老铁路也动工了，老中联系更畅通、更紧密，越来越多的老挝人学习中文，进一步促进了老中民心相通、互联互通。

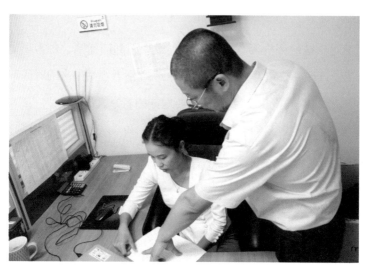

　　在项目当地日常通信、供水、用电，以及与当地政府机构沟通等事务处理中，小婉起着重要的纽带联结作用，办起事来更有效率。南欧江项目建成后运营期近30年，"属地化、本土化"是公司提质增效的战略实践，必将更多地使用当地资源，项目也将对当地经济社会发展做出巨大的贡献，无数个"小婉"也必将与南欧江项目公司一起在南欧江上续写新篇章。

作者：桑文林　吴相双

名叫星星的你

沐浴、着装、修饰，戴上黄金饰品，背上长剑、挎包，在家人和好友的簇拥下坐上花车，向幸福出发……

从读大学到参加工作，杨力虽已在老挝度过了 7 年时光，但这还是他第一次穿戴当地的民族服饰。繁缛复杂的程序，让他感觉比上班还累，但此刻杨力的心里却满是甜蜜。

因为，这一天是他大喜的日子。作为中国电建老挝南欧江发电有限公司第一个与当地姑娘喜结连理的中方员工，杨力的幸福溢于言表。

杨力的新娘，一位美丽的老挝姑娘，已身着老挝传统的出嫁盛装，盘坐在用鲜花做成的巨大花树下。吟诵经文，拴线祝福，芬芳氤氲，美好的回忆也在此刻洒满一地……

点亮夜空的星星

时间倒回到 9 年前的 2009 年，那时的杨力刚刚从云南西双版纳勐腊县高中毕业。一天，在县职业技术学校当老师的姨妈，喊他到家里做客，也就在这里他邂逅了他未来的新娘，一个名叫星星的老挝姑娘。

原来，老挝琅勃拉邦省华文学校将四名品学兼优的学生选派到云南西双版纳勐腊县职业技术学校交流学习，星星就是其中的一名。星星的原名叫thasavanhmanikham，小名叫 Sing，所以中国的老师和同学都喜欢称呼她为星星。

中国跟老挝山水相连，世代友好。而西双版纳与琅勃拉邦则是两国接壤的两个行政区域，直线距离只有 300 多公里。

很快，一直计划着想学老挝语的杨力与对中国文化充满好奇、说着流利中文的星星成了好朋友。虽然只有短短两周的接触时间，却在彼此心间留下了美好的回忆。

2 年后，杨力终于下定决心，来到老挝万象大学，考取了万象大学的老挝语文学专业。随着中国跟老挝的交往日益密切，急需懂得老挝语的翻译人才，杨力如此说。

当然，他还有一个秘而不宣的想法，那就是为了那个名叫星星的老挝

姑娘。

自从县职业技术学校一别，俩人一直通过网络联系，就在键盘的敲击声后，两颗年轻的心渐渐走到了一起……

2012年初，利用期末考试后的放假时间，杨力从万象赶到琅勃拉邦，见到了朝思暮想的星星。

3年后的再一次见面，星星把脖子上的一枚银制戒指解了下来，戴在了杨力的手上，"希望你看到这枚戒指能想起我，这是一颗点亮夜空的星星……"

追寻星星的足迹

而此时的星星，已经在一家老挝中资企业里寻得了一份翻译的工作。

南欧江梯级水电项目是中国"一带一路""澜湄合作"实施的重点项目，也是中资企业首次在老挝境内获得整条流域开发权的项目，中国电建以"一库七级"分两期建设，总装机容量127.2万千瓦，全部建成后年平均发电量将达到约50亿千瓦时，将保障老挝全国12%的电力供应。

星星所在的老挝南欧江流域发电有限公司，负责南欧江流域一期（二、

五、六）水电站的建设、运营与电力销售。几年的工夫，星星跟随中国电建项目建设团队走遍了南欧江全流域，协助一期项目办理了大量政府批文和手续。

电建人的勤奋乐观，让星星十分敬佩和感动，星星的聪明开朗也深受中方员工的喜欢，大家都结下了深厚的友谊。

每到假期，杨力都会坐上十多个小时的长途汽车，从万象来到琅勃拉邦星星的身边。星星最喜欢给杨力讲起她在中国电建的所见所闻，讲起自己所学到的新知识、新技能，讲起为当地建起的移民村，修建的连心桥，讲起"百亩电建稻田"的故事……

2014 年 8 月，一直坚持函授英语学习的星星，进入了实习进修阶段，不得不离开已经工作了 4 年多的中国电建。

"你好好学习老挝语，毕业后，也应聘到中国电建工作，弥补我的遗憾，也可以发挥你的特长，为老挝建设、中老友谊贡献一份力量。"这是星星对杨力最大的期望。

追寻着星星的足迹，2016 年 8 月，杨力以优异的成绩加入了南欧江梯级

水电站的建设大军。同时追寻星星足迹的，还有星星的妹妹 Song（小婉），现在已是南欧江发电有限公司的一名优秀的外事服务工作人员。

星星欣喜地说，自己的两位亲人都加入了中国电建，这份骄傲和荣光，让自己对未来充满了憧憬和希望。

扎根星星的祖国

杨力来到南欧江二期项目的七级电站担任翻译，凭借着精通中、老两国语言的优势，很快便在民事协调、商务谈判中挑起了大梁。

星星同样以自己的语言优势，成了一名优秀的导游。"随着'一带一路'建设的推进，现在老挝跟中国的联系越发紧密，越来越多的中国人来老挝旅游。"星星高兴地说。

更让星星高兴的是："在我给中国游客介绍老挝美丽风光的时候，总会忍不住，说起自己的中国男朋友，谈起我们三人一起工作的中国电建和镶嵌在南欧江上如同明珠般的七座电站，每名中国游客听完都会骄傲地跷起大拇指。"

七级电站所在地属于丰沙里省，这里离琅勃拉邦有 400 多公里的距离，是南欧江二期首个实现大江截流的电站，也是最为偏远的电站。杨力每天都要忙于协调工作，工作压力相当大，好在有女朋友星星在电话中的悉心"指导"和鼓励，让他总能信心百倍地去面对。

工期紧张再加上群山的阻隔，星星和杨力几乎每半年才能见上一面。杨力说，曾经有一部韩剧叫《来自星星的你》，我和星星的爱情也一定会克服所有暂时的困难收获美满，长长久久幸福地在一起。

利用短暂的团聚时间，星星跟随着杨力来到了中国，见到了公婆，领了结婚证。公公婆婆高兴得合不拢嘴，街坊四邻都夸杨力有福气，找了一个漂亮贤惠的老挝姑娘。

星星的爸妈也对这个中国女婿赞不绝口，每次去星星家做客，都会给他做一大桌子老挝菜，备上几瓶 beer lao（老挝啤酒）……

此刻，悠扬的乐曲响起来，欢快的南旺舞跳起来，幸福洋溢在每个人的脸上，嘉宾簇拥着这对新人，祝福他们 pen phuathipmeiykeo（成为"金丈夫玉媳妇"），这场盛大的跨国婚礼，再次见证了民相亲、心相通的中老传统友谊必将永远流传……

心手相牵，相伴永远。在老挝，杨力收获了爱情，更收获了事业，他暗下决心，一定要像这奔腾不息的南欧江一样，投身于"一带一路"建设的磅礴大潮，竭尽全力把工作干好，争取电站早一天建成投产，为老挝人民创造更多的福祉。

一往情深，永结同心。此时的星星更相信，自己的中国丈夫和他所在的中国电建，一定会扎根这片热土，和老挝人民一起风雨同舟，携手同行，创造未来更加美好的生活。

这不仅仅是这对跨国新人的愿望，更是中国电建人和老挝人民的共同期盼……

作者：刘向晨

"学霸"穆巴沙

"感谢中国电建！"这是穆巴沙见到我说的第一句话。

从收到中国电建的录取通知书到现在，一年多时间过去了，从走出象牙塔的青涩，到初入职场的生疏，再到如今渐入佳境，时间洗尽了他身上的年少懵懂，留下了中国电建深深的印记。

一年很短，在漫长的人生旅途中只是短暂的片段；一年又很长，365个日夜见证了一座现代化电站的变迁。而这一年对于穆巴沙来说，了解了中国文化的博大精深，接触了先进的企业管理理念，学习了电厂复杂的技术，面对扑面而来的视觉和思想冲击，他有些应接不暇。这一年里他有成功的喜悦，也有工作的困惑，有收获的成就感，更有对未来的憧憬，这一年不可思议的经历注定会让他永远铭记，但最根本的是身份的变化，这一年他成了一名"中国电建人"。

千军万马中挤过独木桥

"你参加中国电建卡西姆电站的招聘了吗？"这句话在2016年8月成为

巴基斯坦许多大学校园里应届毕业生的见面问候。

2016年8月，卡西姆电站发布招聘公告，计划在巴基斯坦各大院校招聘100名应届大学生，穆巴沙从父亲那里得知中国电建的招聘消息，第一时间在网上报名递交了简历，先后经过英语和专业知识考试、职业能力测验和面试考察四轮PK，最终穆巴沙从16000多名应聘者中脱颖而出。

穆巴沙的父亲是卡拉奇电力公司的一名工程师，在父亲的影响下，穆巴沙选择了电气工程专业，从那时起，立志成为一名工程师的梦想就深深扎根在他的心里。大学四年，穆巴沙刻苦努力，认真学习，成绩一直名列前茅，是学校里名副其实的"学霸"。

得知穆巴沙被卡西姆电站录取的消息后，全家人感到特别高兴和自豪。不仅因为穆巴沙实现了自己工程师的梦想，还因为刚毕业就能到中国电建这样的跨国企业工作更显得难能可贵。为庆祝穆巴沙人生中这一重要时刻，他的父母邀请所有亲戚朋友欢聚一堂，载歌载舞，共同分享快乐和荣耀，这不仅是他个人的喜悦，而且是整个家庭的骄傲。

为了能够让这100名大学生第一时间熟悉电站运行维护知识，掌握实际操作能力，中国电建安排他们到甘肃崇信电厂进行了为期6个月的培训实习。崇信电厂和卡西姆电站机组同为660MW超临界机组，这有利于巴籍员工尽快全面熟悉了解电站各功能系统，掌握电站运维知识和实操能力，以满足上岗条件。

带着对中国的向往和对学习知识的渴望，穆巴沙和他的99名小伙伴离开巴基斯坦，来到中国甘肃，开启了一段异国他乡的学习旅程。

难忘在中国的点滴往事

2016年10月10日，国庆节刚过，地处中国西北腹地的甘肃大地上，天高云淡、秋风气爽。中国电建甘肃能源崇信电厂一改往日的宁静，变得热闹非凡，因为这里迎来了一批朝气蓬勃的巴基斯坦小兄弟，他们因卡西姆电站结缘，从巴基斯坦的四面八方聚集到一起，来到崇信电厂开启他们的追梦

之旅。

　　知之非难，行之不易。初来乍到的兴奋感过后，面对语言交流障碍、生活习惯差异以及快节奏的实习工作，最初让穆巴沙感到有点无所适从，原本就喜欢安静的穆巴沙显得更加沉默寡言。

　　穆巴沙的思想波动和情绪变化，都被他的中国"师傅"赵国亮看在眼里，记在心上。为了让穆巴沙尽快适应新环境，融入新生活，赵国亮用生疏的英语与穆巴沙进行耐心的沟通交流，了解他的思想动态，教授他技术知识，邀请他积极参加文体活动，缓解他的思乡之情。

　　在师傅的疏导下，穆巴沙渐渐地放下思想包袱，渐渐开朗起来，主动学习中文，积极参加活动，了解中国企业文化，逐渐融入了中国电建这个大家庭。

　　培训实习期间，公司每月都会组织巴籍员工进行一次"月考"，检验他们的学习效果，基本上穆巴沙每次都会名列前茅，"学霸"的称号也就这样慢慢传开了。

"学霸"穆巴沙

2017 年 4 月，在为期半年的实习期结束的终考测试中，穆巴沙一举夺魁，捍卫了他"学霸"的称号，可谓实至名归。

2017 年元旦，为了营造新年气氛，崇信电厂组织了中巴员工羽毛球友谊赛，"学霸"穆巴沙在比赛中一路过关斩将，最终获得了第一名的好成绩，充分展示了他高超的球技，从此他的名字又变成了"穆巴沙·林丹"。

真挚的情感往往在不经意间就会自然流露，一个小小的举动最能让人感动。

令穆巴沙至今难以忘怀的是去年中国传统的农历小年，恰逢穆巴沙 24 岁的生日。师傅王刚得知后，悄悄地买了蛋糕和极具中国特色的鸡年纪念品送给他，这让穆巴沙非常激动，他用生疏的中文喊出了："师傅，谢谢你。"

在中国实习培训期间，正好跨越中国农历新年，穆巴沙和巴籍小伙伴第一次亲身经历了中国的传统新年，挂灯笼、贴春联、包饺子……这些闻所未闻的"奇观"让穆巴沙惊喜万分。除夕当晚，穆巴沙和他的中国朋友一起吃着年夜饭，看着春晚，他都有些乐不思蜀了。

第一次来中国、第一次学中文、第一次过中国年、第一次吃饺子、第一次见到雪……短短的 6 个月时间，穆巴沙和同伴领略了中国文化的源远流长，见证了中国的蓬勃发展，结交了真诚的中国朋友，学习了中国最先进的技术和管理，时间虽短，受益匪浅。穆巴沙说，"半年的中国学习将成为我一生宝贵的财富"。

2017 年 4 月末，穆巴沙和同事带着技艺和祝福踏上了回国的归程，当岁月回响，这次中国之行将成为他们永生铭刻的记忆。

学成归来服务国家

2017 年 4 月 5 日午夜 23 时，在卡拉奇真纳国际机场国际到达出口，聚集着前来接机的人们，喧闹的人群中有一对中年夫妇，在翘首以盼地等候他们儿子的出现，他们是穆巴沙的父母。

6 个月的思念在穆巴沙出现的那一刻化作了深情的拥抱和激动的泪水，拥抱中蕴含了期盼和鼓励，泪水里更多的是喜悦和兴奋。

从中国甘肃到巴基斯坦卡拉奇，8000 里的距离因为卡西姆电站的存在变得不再遥远，6 个月的中国电建"求学"历程更显得意义非凡。

从大学校园里纯粹的理论学习，到中国培训期间的一线见习，再到卡西姆电站现场参与操作，一年的时间，穆巴沙和其他巴籍员工一起，从"纸上谈兵"到"模拟演习"，再到"沙场点兵"，无论从知识面拓展，还是实际操作技能，他们都有了本质的提高，开始由被动接收到主动学习，变"客"为"主"。

学成归来的穆巴沙和同事们一起，马不停蹄地投入卡西姆电站调试运维工作中去，开始全面参与卡西姆电站工作建设。

穆巴沙在身上随时携带着一个小本子，上面密密麻麻记录着电厂各系统的中英文词语，他边工作边学习中文，因为在他看来，学好中文，才能更好地与中国师傅交流，才能学到更多的知识。

"通过一年多时间与中国电建的深入接触了解，我已经开始以中国人的方式思考解决问题，同时我也学会了如何在中巴两国文化差异之间寻求平衡。"在穆巴沙的眼里，这一年他改变最大的是思维方式。

思维决定行动。实习归来的穆巴沙对于在卡西姆电站工作有了全新的认识，从被动到主动，看似简单的转变，内涵却大不相同。中国之行，让他看到了巴基斯坦与中国的差距，也明白了自己作为巴基斯坦年青一代肩负的责任，他在卡西姆电站工作，不仅为了自己的前途，更为了巴基斯坦电力能源事业的发展。

作为第一批参与巴基斯坦大型燃煤电站运行管理的工程技术人员，穆巴沙和同事将成为建设和发展巴基斯坦燃煤电站的后备军，他们将会成为巴基斯坦能源建设的中流砥柱。

穆巴沙每每想到自己工作的卡西姆电站建成投产后将极大缓解巴基斯坦电力短缺的现状，还将对巴基斯坦调整能源结构、振兴经济、改善民生和优化投资环境具有重大意义，他都会感到无比的骄傲和自豪，因为他的工作是

「学霸」穆巴沙

在为国家做贡献。他也希望，不久的将来，自己站到更高的舞台去成就自我，服务国家。

"年轻是我的资本，我会在卡西姆努力工作学习，提升能力，将来也能去其他国家帮助他们建设电站。"穆巴沙一脸自豪地说。他稚嫩的脸庞中透露着对未来的渴望，铿锵的话语里带着几分坚韧。

"有志者，事竟成。"我们相信，在"中巴经济走廊"深入实施的大背景下，越来越多像中国电建这样的企业会为巴基斯坦带来更多先进的技术和管理理念，勤奋好学、奋发有为的穆巴沙会早日实现他的梦想，为实现巴基斯坦更美好的明天做出更大的贡献！

作者：康从钦

杨帆："巴铁哥们儿"的电建情缘

"We are brother!"（我们是兄弟！）这是杨帆常挂在嘴边的一句话。别看这是个正宗的中国名字，可他其实是个地地道道的巴基斯坦人。

挺拔修长的身材透着朝气，英气逼人的脸庞棱角分明，炯炯有神的眼睛藏在深陷的眼窝里，浓密的络腮胡须展示出男性的魅力，一头微曲的长头拢到脑后，扎成一个个帅气的小辫子。这就是电建海投公司2016年3月"海投之星"——卡西姆发电公司巴籍员工杨帆。

从向往中国，到走进中国，再到回到巴基斯坦加入中国电建工作，杨帆用他的勤奋、善良、刻苦、敬业，演绎了一段"巴铁哥们儿"与中国电建的情缘，也成为在卡西姆发电公司众口传诵的"中巴"友谊故事。

万里寻梦：难舍的中国情结

法扎勒·拉希姆是杨帆的巴基斯坦名字，他出生在巴基斯坦北部的吉尔吉特，在喜马拉雅美丽的雪山脚下，这儿终日蓝天如洗，山上绿树葱郁，风光秀美，是著名的旅游胜地。一千多年前，中国的古丝绸之路从这儿穿过。

因为中巴两国良好的外贸关系，这里 20% 的人都会说点汉语，也对中国近年来的发展有着深入的了解。在家乡人的影响下，万里之外的中国，成为杨帆心中最深切的向往。在伊斯兰堡上学期间，他开始自学汉语，并凭着浓厚的兴趣不断练习，水平突飞猛进。

一次偶然的机遇让杨帆与中国结缘。2012 年，中国孔子学院在伊斯兰堡举办"汉语桥"大赛，杨帆报名参加了比赛。比赛中，杨帆沉着冷静正常发挥，以优异的成绩获得第二名。更让他高兴的是，同时获得了去华东师范大学免费学习一年汉语的机会！

于是，杨帆从伊斯兰堡乘坐大巴出发，一路东行，到达嗒县、喀什，然后换乘火车，经乌鲁木齐、北京直到上海。一路上，杨帆结识了许多中国朋友，他们一起开心聊天，快乐地度过旅途，中国人的真诚、友好和热情，让杨帆深深爱上了中国，同时自己的口语也提高了一大截！

杨帆是个细心的人。他选择了提前一周到学校报到，热情好动的他很快与学院的管理员成了朋友。当一周后其他留学生赶来报到的时候，杨帆帮着办理报到手续，领取生活用品，俨然成了一位老学长。

完成学校的课程之余，杨帆喜欢参加各类的沙龙、聚会。他不是为了消遣，而是为了去找更多的中国朋友聊天，练习口语。即便有时候大家用方言

交流，他听起来十分困难，但他仍然坚持每一次都听完。在不懈的坚持和努力下，他成为班上汉语最为优秀的学生。

2013年，一年的免费留学期转眼结束。杨帆带着恋恋的不舍，以及众多中国朋友的友情，回到了伊斯兰堡。进入中国公司工作，成为他新的目标和期望。

结缘电建：良好的职业通道

在伊斯兰堡，杨帆先后为多家中国代表团和交流团担任翻译。他考虑周到，思维缜密，服务热情，赢得了大家的交口称赞。但这些毕竟都是临时性的工作，杨帆的目标，还是进入一家大型的中国公司从事行政管理工作。

卡西姆港燃煤电站是"中巴经济走廊"的首批落地项目和首个电力能源类合作项目，是中国电建和卡塔尔王室共同投资开发的混合所有制能源开发项目，也是中国电建目前最大的海外投资项目。该电站将大大缓解巴基斯坦电力短缺的局面，并在调整巴电力及能源结构、促进基础设施建设和改善民生等方面产生深远影响。

杨帆了解到该电站的重要意义，立即来到发电公司应聘。从此，他如愿

▲杨帆（中）与巴籍员工讨论工作

以偿地成了一名中国电建正式员工。

入职不久，杨帆就接到了一项颇具挑战的任务。2015年12月，项目公司的临时营地顺利竣工，内部装修和办公家具的安排布置任务摆到了杨帆的面前。他负责组织办公电器、家具的安装工作，每天都有三四卡车的家具家电运到营地。杨帆跑前跑后，每天几乎都要接听四五十个电话。他把三四十名巴籍安装人员组织得井井有条，高效地完成了任务。

为了更好地开展工作，杨帆还主动向项目公司的巴籍员工教授汉语，充当义务的"汉语老师"。每天晚饭后，他都要悉心教授他们常用的汉语短句，巴籍员工和中国员工在路上相遇，几乎都会使用汉语打招呼。经过他的努力，司机和帮厨们基本都具备了简单沟通的能力，工作上更加方便了。

凭借着自己的努力和付出，项目公司先后三次为杨帆加薪，并成为为数不多的荣获电建海投"海投之星"荣誉的外籍员工之一。

展望未来：美好的中巴情缘

"在中国电建，最可贵的是平等、融洽，互相尊重的氛围。"杨帆说，"在巴基斯坦，人们的工作和地位是要分等级的。但是在中国电建，从领导到基层的工作人员，都互相尊重，一律平等。"

杨帆看到项目公司总经理蔡斌，每天都自己拿着饭盒在食堂与职工一起就餐，业余时间与职工一起打乒乓球。他不仅感动，更受到启发。杨帆负责管理20多名巴籍员工，包括司机、帮厨、清洁人员等，他同样尊重他们，经常与他们一起就餐，一起聊天，建立了良好的上下级关系。得到的回报就是赢得了巴籍员工更强的执行力。在巴籍员工从来不加班的大环境下，下班时间遇到需要接机、送站等任务，杨帆都能轻松安排，圆满完成任务。

杨帆与中国同事相处得非常融洽。大家都喜欢这个活泼幽默的巴基斯坦小伙。杨帆经常"推销"他家乡的优美风光，邀请大家去他的家乡旅游。有时候，他也会让人从家乡捎来杏干、车厘子、蜂蜜等土特产，与大家一起分享。

杨帆有个大家庭，他共有7个兄弟姐妹，其中有3个弟弟。提到现在的收入，杨帆十分自豪，他说在中国电建工作，薪水让他的家乡人都非常羡慕。最小的弟弟还在上大学，学费全部由自己负担。同时挣的钱也寄给父母，让父母在家里购置了更多的土地，种植果园，成为当地颇为富有的家庭。

　　他说，"能有现在的一切，都与中国有关"。33岁的杨帆，也已到了谈婚论嫁的年龄，他的梦想是迎娶一位中国姑娘。在上海学习时，曾经有一位中国女朋友，但由于诸多原因，这段爱情没有延续，变成了美好的回忆。他毫不气馁，经常满怀信心地祈祷说："我一定会遇到一位属于我的中国姑娘。"

　　在中国电建的生活十分开心，每天工作到晚上八九点。杨帆常常忘记给爸爸妈妈打电话，等他们责备起来，杨帆便像小孩子一样说："我在这里太幸福了，这是我的新家！"杨帆还计划等弟弟大学毕业后，再到中国去留学学习汉语，学习厨师技术，然后回巴基斯坦到中国电建旗下的项目公司工作。

　　到那时，"中巴友谊"的故事将会再添新的佳话。

作者：康从钦

杨帆："巴铁哥们儿"的电建情缘

巴籍励志哥　打磨 13 年

尼亚兹·侯赛因是位土生土长的巴基斯坦汉子，现在是电建海投巴基斯坦卡西姆发电公司的一名专职司机。虽然在该项目当司机也不过一年有余，但大家都亲切地称他为"老司机"。

之所以称他为"老司机"，并不是因为他的年龄有多大。相反，这位蓄着浓密胡子的司机，其实生于 1987 年。

但说起他与中国电建的渊源，却有一段很长的故事。

13 个春秋，与中国电建在一起

2005 年夏天，在朋友的介绍下，年仅 18 岁的尼亚兹·侯赛因和父亲一起成为巴基斯坦杜伯华水电站工程建设大军中的一员，从此开启了与中国电建 13 年的不解之缘。

随后，尼亚兹·侯赛因跟随中国电建一路辗转征战，也算是中国电建在巴基斯坦为数不多的"元老级"巴籍员工了。从巴基斯坦杜伯华水电站到达瓦特大坝项目，再到如今的卡西姆港燃煤电站，从水电到火电，从青葱年少到而立之年，不经意间，尼亚兹·侯赛因已与中国电建一起走过了 13 个春夏秋冬。

卡车司机初养成

和其他巴基斯坦家庭一样，尼亚兹·侯赛因一家也是兄弟姐妹成群，他有 1 个姐姐、3 个妹妹和 6 个弟弟，家里共有 11 个孩子。本来就不富裕的家庭无力支付这么多孩子的学费，作为长子，尼亚兹·侯赛因很早就走入社会，与父亲一起承担起了养家的重任。

在杜柏华水电站，尼亚兹·侯赛因的父亲是一名推土机驾驶员，由于尼亚兹·侯赛因学历不高，只能从劳力工人做起。"穷人家的孩子早当家。"尼亚兹·侯赛因很是能干，干起工作来任劳任怨。在杜柏华水电站工作不到半年，就因为诚实肯干的工作态度和出色的工作能力被项目领导看中，从几百个巴基斯坦工人中挑选出来，成为 20 名卡车驾驶员学徒之一，经过 3 个月的学习，尼亚兹·侯赛因成了一名合格的卡车驾驶员。

机会偏爱有准备的司机

成为驾驶员后，尼亚兹·侯赛因依然辛勤工作，出色地完成了领导交代

的各项任务。闲暇之余,他会把自己驾驶的车辆擦洗得干干净净,并主动找修车师傅学习车辆保养知识。因为听不懂中文,尼亚兹·侯赛因就跟在师傅后面看,学习车辆维护,自己琢磨保养技巧。就是这样,在杜柏华水电站工作期间,尼亚兹·侯赛因驾驶的车辆是保持车况最好和维修次数最少的,这一切都被项目领导看在眼里。等到电站建成,项目移师达瓦特大坝,尼亚兹·侯赛因幸运成为能够继续跟着大部队转移的少数巴籍员工之一。这次尼亚兹·侯赛因摇身一变,从卡车驾驶员成了专门为项目领导开车的小车司机,从此这成了他的专业!

归属感幸福感自豪感,感感爆棚

"在中国电建工作,不仅工资高,住宿条件好,而且在传统节日,我们还有带薪休假和额外福利,这是许多公司不能比的。"尼亚兹·侯赛因对目前工作很满意。

每次周末回家,尼亚兹·侯赛因都会穿上清洗干净、印有中国电建标志的工作服。在他看来,这个细节最能体现他内心的自豪,也算"衣锦还乡"。在他心里,他早已成了一名真正的"电建人"。

在卡西姆港燃煤电站,像尼亚兹·侯赛因这样的巴籍工人还有很多。为尊重巴基斯坦员工的风俗习惯和宗教信仰,卡西姆发电公司专门为他们设立了祈祷室,根据巴籍员工生活习惯安排了宿舍,并跟中方员工一样,在宿舍里配备了空调、电视、洗衣机、热水器等家用电器,对于公司一视同仁、无微不至的关怀,尼亚兹·侯赛因由衷地感到高兴。

兄弟 3 人"组团"来电建

2013 年,尼亚兹·侯赛因结婚,现在有了一个可爱的儿子。按照巴基斯坦农村传统,结婚后他还是和父母及兄弟姐妹生活在一起,一大家子聚居在父母身边,其乐融融。

在他的介绍下,他的两个弟弟也都来到了卡西姆港电站项目工作。因为弟兄三人都在卡西姆港燃煤电站项目工作，每个月都有稳定的收入，他们年过六十的父亲已赋闲在家，每月末兄弟3人发工资后，除留很少的零花钱外，剩下的都上缴给父亲，这些钱几乎就是全家的收入，主要负担家里所有的开支和三个弟弟的学费。

尼亚兹·侯赛因说，他们兄弟3人都在卡西姆港项目工作是非常自豪的一件事！他非常感谢中国电建，感谢海投公司提供了这么好的工作机会。事实上，在他的家乡还有很多人找不到工作，更不用说像在卡西姆港电站这么好的地方工作了。现在，他还有3个弟弟在上学，尼亚兹·侯赛因说，他要努力挣更多的钱，让他的3个弟弟上更好的学校，去学习汉语，将来有机会也能够到中国电建工作。

在国际化经营过程中，电建海投公司不但积极带动中国设备、中国技术、中国标准"走出去"，还大力实施属地化经营，为当地创造就业岗位、培养人才，共享"一带一路"建设发展成果。尼亚兹·侯赛因通过自己的不懈努力和真诚付出，获得了成长进步。在共筑美好明天的道路上，我们期待与更多的"尼亚兹·侯赛因"书写更多新的故事！

作者：康从钦

卡西姆电站的"小王子"

"呜……"清晨7点刚过,一艘满载煤炭的白色巨轮,穿破阿拉伯海面上的浓雾,缓缓驶入卡西姆港燃煤电站码头,雄壮的鸣笛声惊醒了红树林中尚在安睡的海鸟,四处分散。

"出工啦!""小王子"跳上长长的海堤,振臂一挥,向早已集合在此的巴基斯坦员工发出号令。

初见"小王子",是在卡西姆发电公司办公楼前。我们步入大门,听他正用一口流利的中文跟同事交流工作:"嗯,没事,已经搞定了。"

"中文说得真好!"我心头一惊,蓦地回头。

"这是码头上的'小王子',去年刚从中国留学毕业的大学生。"同行的卡西姆发电公司办公室主任康从钦向我介绍。"小王子"今年23岁,青春正盛,年华芳好。之前在中国辽宁某大学留学,毕业后赶上卡西姆项目招聘当地员工,"小王子"抓住机会应聘,如愿加入卡西姆项目,现在电站码头从事管理工作。

"小王子"巴基斯坦名字叫 Suneel Kumar,一头茂密的黑发,浓眉大眼高鼻梁，颇有几分南亚人的帅气。母亲是迪拜人，因迪拜王子在全球广为人知，所以大家都亲切地称他为"小王子"。这也是他的中文名，平时工作、生活中，大家也都这样称呼他。

"中国人很讲缘分，我跟 POWERCHINA 也很有缘，我表哥最早就在这里上班，也是他介绍我来卡西姆的。"他说，卡西姆电站在卡拉奇甚至整个巴基斯坦都很出名，很多人都知道有一家中国公司要在这里建设一座大型电站，这也是当地人翘首以盼的事情。在之前的大规模建设期，卡西姆项目聘用了3000 多名当地员工参与建设，他表哥就是其中之一。

2015 年项目开工以后，每天都有数千名中巴员工一起在工地战高温、斗酷暑、保工期。回忆起那段时光，很多参建者都感慨万千，认为卡西姆项目建设之所以如此成功，除了中国电建全产业链一体化优势、"四位一体"管控模式等外部机制因素之外，卡西姆建设者身上那种排除万难、奋战到底的精神起了重要支撑作用。正是从表哥口中，"小王子"渐渐地了解了中国电建，了解了卡西姆精神，也促使他逐渐萌生了到卡西姆工作的想法。

"小王子"在中国留学四年，学的是机械自动化专业。虽然年纪轻轻，但已被委以重任，管理着 50 多名巴基斯坦员工，负责他们的日常工作安排以及

▲ "小王子"（右一）与中国同事表演相声

技能和安全培训。

卡西姆电站是运用中国标准、中国技术、中国设备建设的一座大型燃煤电站，技术等各方面都遥遥领先于巴基斯坦当地水平，很多当地员工都没有相关的技术储备，需要进行专门的技术培训才能上岗。煤炭是火电站的"粮食"，高效、安全的卸煤工作是电站稳定运行的重要基础，而且涉及推土机、卸船机、皮带机等多个工种，不能有一点马虎。每个月，"小王子"都会把中文的培训资料翻译成英语和乌尔都语提供给当地员工学习，为他们传授中国经验、中国技术、中国管理，到现在为止，一共举行了十来次培训，培训约300人次。

"虽然这些都是来自中国的大型机械，但现在大家都掌握得差不多了。"经过不断的培训和实操，现在巴籍员工已经能够熟练地操作，并注意相关的安全事项。截至目前，"小王子"已经带领他的团队顺利卸完了17船、约85万吨的煤，而且没有发生过一次安全事故，有效地保障了电站正常生产。

"在这里上班有种公平的感觉，原本只想干一两年，但现在我希望可以长期在这里工作下去。"在他看来，"公平性"是他能够长期在卡西姆电站工作

的重要原因。虽然中巴两国之间存在着文化、习俗等各方面的差异，但在与中方员工的日常沟通中，大家都平等相待，相互尊重。他不仅慢慢适应了中方的管理模式，更深深体会到了工作的尊严感。

在"中巴经济走廊"1号工程，共商、共建、共享的丝路原则不再是抽象的概念，而是具化到了工作、生活中的点点滴滴。在项目营地，卡西姆发电公司为巴方员工单独新盖了食堂和宿舍，按照中方员工宿舍标准，统一配备了空调、电视机、洗衣机、电冰箱和热水器等家电用品，并增设了祈祷休息室。每到开斋节、古尔邦节等巴基斯坦传统节日，项目公司还会特意安排巴籍员工带薪休假，并发放过节费用。2018年3月初，电建海投公司董事长、党委书记盛玉明深入卡西姆项目视察，专门走进巴方员工宿舍，关切地询问设备配置和入住情况。"在这里住着，感觉跟家一样。"言谈中，"小王子"流露着对营地生活的满意。

除了有尊严的工作，吸引"小王子"的还有中国文化。当初选择到中国留学，是出于对中文的浓厚兴趣。因为随着"一带一路"的推进特别是"中巴经济走廊"的建设，越来越多的中国公司来到巴基斯坦，中文在巴基斯坦越来越受到重视，不仅走进当地小学课堂，甚至成了大学的必修课，并设置了类似于中国英语四六级考试的 HSK 考试（汉语水平等级考试）。在辽宁留学的四年里，他喜欢上了东北饺子、中国电视剧、中国小品和歌曲，最拿手的歌曲是李玉刚的《刚好遇见你》。2018年除夕，卡西姆项目联合党工委充分发挥"四位一体"组织管控作用，联合各方筹办了第二届卡西姆春晚，"小王子"与电建港航公司的两位同事自编自导自演了一场颇具中国味道的相声《运维一哥》，巧妙地捕捉生活的点滴乐趣，用诙谐幽默的语言演绎了中巴员工之间每天发生的小故事，给大家带来阵阵欢笑。

然而，对"小王子"而言，卡西姆电站还具有更深远的意义，那便是让他找到了人生的价值感。卡西姆电站马上就要进入商业运行期，年发电量约90亿度，将为大约400万户家庭提供源源不断的电能。在他看来，能在巴基斯坦最先进的卡西姆电站工作，通过劳动和知识为自己国家解决缺电难题，为巴基斯坦经济社会发展注入更强劲的动力，是一件非常自豪的事情。的确，世界上还有什么事情，是比把自己的兴趣、专业、青春、热情与祖国发展紧密结合起来更幸福的呢?！

2018年3月2日，恰逢正月十五元宵节。明月下，卡西姆电站营地里灯笼高挂，灯火璀璨，中巴员工一起赏舞狮、吃元宵、猜灯谜，感受着中国传统节日的温馨与欢乐。餐罢，我们一起漫步至海堤边，听海面上涛声阵阵，看星空下柔辉千里。"小王子"指着海面上时隐时现的航灯浮标说："你看，晚上运煤船就是顺着这个航道进来的。"

是呀，船有船的航道，每个人也都有自己的人生航道。"小王子"的事业之帆在卡西姆电站起航，祝愿他在自己的人生航道上驶出生命的精彩，到达理想的彼岸！

作者：谭　毅

阿萨拉姆的摩托车

"阿萨拉姆买摩托车了！"

这两天，阿萨拉姆买摩托车的消息火爆了巴基斯坦卡西姆公司员工的朋友圈。

阿萨拉姆是电建海投巴基斯坦卡西姆发电公司的一名巴籍员工，负责项目营地清洁卫生工作。面对这突如其来的"走红"，他自己也感觉很惊讶。几年前，能有一辆摩托车是他最大的梦想。如今，梦想照进现实，一切变成真的了。

现在，每天清晨和傍晚，阿萨拉姆都会骑着崭新的摩托车迎着朝阳、踏着晚霞上下班。

也许在我们看来，买一辆摩托车不算什么，但在他眼里，这预示着好日子的开始。

今年19岁的阿萨拉姆是家里最小的男孩，母亲去世早，他与父亲、四个哥哥和两个妹妹一起生活在距卡拉奇市30公里外的一个小村子里。虽然与巴

阿萨拉姆的摩托车

069

基斯坦最大的城市卡拉奇相隔不远，但是 30 公里的崎岖道路把阿萨拉姆一家与城市的繁华一分为二。

由于家庭贫困，阿萨拉姆小学没毕业就辍学回家了。他的大哥在巴钢铁厂招待所工作，另外三个哥哥打短工，家里四个主要劳动力的收入甚微，难以支撑一大家子的各种花销。为了挣钱贴补家用，阿萨拉姆年仅 14 岁就开始跟着大哥在巴钢铁厂招待所工作了，由于没有专业技能，他只能干最基层的服务生工作。

从巴钢铁厂招待所到阿萨拉姆的家，距离仅十几里，可是这仅有的十几里路，阿萨拉姆的哥哥却连续走了十年，如今还在继续走。阿萨拉姆回忆说，从他上班第一天起，就跟着哥哥走路上下班，每次上班的路上，哥哥总是嘟囔，要买一辆摩托车，可是这个梦想一拖再拖，从未实现。

其实，阿萨拉姆又何尝不想买一辆摩托车，哪怕是旧的，只要有了摩托车，上下班就轻松多了。可是阿萨拉姆知道，仅靠每月不到 10000 卢比（约合 600 元人民币）的工资，要买辆摩托车谈何容易，因为这笔钱除去吃穿和贴补家用，已经所剩无几。在阿萨拉姆的心里，买摩托车成了他最大的梦想。

就这样，怀揣着买摩托车的梦想，阿萨拉姆在巴钢铁厂招待所一干就是 3 年多。

然而，命运在他 17 岁那年随着中国电建的到来发生了转机。

梦想照进现实

2015 年 5 月，作为"中巴经济走廊"首批优先实施项目，卡西姆港燃煤电站正式开工建设。一个偶然的机会，阿萨拉姆被招聘到项目公司后勤部门，负责营地的清洁卫生工作。

从阿萨拉姆的家到卡西姆港电站大约有 20 公里的路程。为了方便他工作、休息，卡西姆发电公司给他和其他巴籍员工安排了宿舍，并安装了电视、空调、洗衣机和热水器。这些条件是阿萨拉姆想都不敢想的，因为到目前为止，他的家里仅有的三种电器只是电灯、电视和风扇。这不仅仅因为家境贫寒，更重要的原因是几乎每天要停电超过 12 个小时，像冰箱这样的电器根本没有用武之地。

虽然项目公司给阿萨拉姆安排了宿舍，但他还是每周要回家两到三次，20 多公里的路程，说远不远，说近不近。由于不是每次都能搭上顺风车，他基本上还是延续了以前的"传统"——走路回家。为了在早上 8 点上班前赶到公司，阿萨拉姆须凌晨 4:30 前起床，辗转 3 个多小时来上班，虽然很辛苦，但是他却每天高高兴兴，因为在卡西姆港电站不仅有丰厚的薪水，还有一群友好的中国朋友。

在卡西姆发电公司，阿萨拉姆每月的工资是 25000 卢比（约合 1500 元人民币），仅工资一项就是以前的 2.5 倍，这还不包括节假日奖金、津贴和加班费。在这里，他铆足干劲，因为埋藏在心中扎根已久买摩托车的梦想，又开始蠢蠢欲动了！

2016 年 10 月，阿萨拉姆与相恋 2 年的女友结婚了。整个婚礼简单朴实，所有费用一共花了不到 30 万卢比（不到 2 万元人民币）。这些钱，除了向大哥借的，其余大部分都是阿萨拉姆在卡西姆港电站工作攒下的。

2017年2月，阿萨拉姆还清了外债。5月1日，他用两个月的工资购买了一辆崭新的摩托车，这也成为他们家最值钱的资产。短短一年半的时间，阿萨拉姆"双喜临门"，实现了他大哥十年没有实现的摩托车梦想。

现在，阿萨拉姆上下班，逢人便说，"看，我新买的摩托车漂亮吗？""这一切多亏了中国电建，感谢他们让我实现了梦想。"谈及未来的打算，他总是笑着："希望能够长久地在卡西姆港电站干下去，攒钱盖一栋房子，让家人过上更好的生活！"

跟随中国电建奔小康！

在卡西姆港电站，像阿萨拉姆这样的巴籍员工还有很多。在电站建设施工高峰期，中国电建各参建企业雇用的当地员工超过3000人，为他们提供了大量的就业机会。电站投产运行后，将有超过500个固定岗位。除了技术管理等专业岗位需要招聘大学生外，电站后勤服务岗位将以招聘电站周围村庄贫困农民为主，中国电建将以提供就业的方式进行"精准扶贫"，让更多像阿萨拉姆一样的巴基斯坦青年实现自己的梦想。

作为参与"一带一路"和"中巴经济走廊"建设的中国企业代表，中国电建以"建一座工程、树一座丰碑、造福一方百姓"的理念为指引，积极承担履行社会责任，时时处处彰显大国形象，不仅为巴基斯坦带来光明，还带来了脱贫致富之路。阿拉伯海岸刮起的电建风，让当地人民感受到，身靠电站，只要勤奋，奔小康的路就在脚下。

作者：康从钦

希苏巴：我想在中国电建工作到退休

眼前这个身材健壮的中年男人，长着一副中国面孔，眼镜下一双小眼睛笑得和蔼可亲，说着一口纯正的普通话。

但他却是地地道道的尼泊尔人，中文名叫希苏巴。若是走在中国的大街小巷，你会发现他亲切得像是自家邻居。

中国脸，"老电建"

早在 2006 年，希苏巴就跟中国水电（中国电建的前身）结缘了，那时他在中国水电阿曼污水处理项目负责工程技术和对外协调工作，掐指一算，也是一名"老电建"了。

2013 年 7 月，万里之外传来的一个消息让希苏巴坐不住了——中国电建要在他的家乡尼泊尔投资修建上马相迪 A 水电站。

"大好时机啊！"希苏巴难掩内心的激动：回尼泊尔跟着中国电建修电站，老婆孩子热炕头，工作报国两不误，多美好！

"老希不能走哇，回去的工资只有这里的三分之一……"项目经理急了，这么好的人才怎么也得留下！

"世上有比钱更重要的东西，比如家庭、孩子，比如建设自己的家乡，'一带一路'进行到我的家乡了，哪有不回去的道理……"希苏巴不急不慢，动之以情，晓之以理，一席话反而把项目经理说通了。

回家，继续当个"电建人"！

上马相迪 A 水电站是尼泊尔政府招商引资的首批重点项目之一，位于尼泊尔西部马相迪河上游，距加德满都约 190 公里。

翻开世界地图，尼泊尔像块古玉一样安静地躺在喜马拉雅山南麓。世界十大高峰有八座在中尼边境，地势北高南低，南部是冲积平原，独特的地理优势孕育了极其丰富的水电资源，约占世界水电蕴藏量的 2.3%。

守着这么丰富的水电资源，但尼泊尔却长期饱受缺电之困。

随着"一带一路"建设的推进，尼泊尔政府把上马相迪 A 水电站列入了招商引资范畴，并赋予了它担当振兴尼泊尔经济的重任，这也是中资企业在尼泊尔投资的第一个水电项目。

事实上，初到上马相迪 A 水电站，希苏巴的"官职"并不低，任项目公司商务合同部副经理，负责与尼泊尔政府部门的协调工作。

这充分发挥了他的语言优势和商务经验。希苏巴精通尼泊尔语、英语、汉语，并略懂一些印度语和乌尔都语，熟悉当地环境政策，擅长与政府部门打交道，多次参与当地电力部门的沟通，和当地政府部门建立了长期联系，使项目商务工作能够迅速推进。

2015年9月，132千伏应急输电线路建设进入现场勘测阶段。为确保线路设计顺利完成，希苏巴每天与设计人员泡在现场。

现场山高路险，8公里的路车辆往往要跑1个多小时，有些路段根本没铺路，当地人用地震后滑落的碎石坡稍微抹平一下就成了"路"，山上一米见方的石头，冷不丁地就咆哮着往山下滚，而另一边则是万丈深渊。

这样的路要不要走？

"走！中国人不远万里来帮忙建设家乡，自己还能怕疼怕痒？"希苏巴下定了决心。在这条"要命的"路上，希苏巴每天要往返好几趟。

仅用了2个多月时间，整条线路的现场勘测就顺利完成了，有力推动了输电线路建设，而根据原先的计划，现场勘测工作至少需要半年时间。

凭着突出的表现，希苏巴被电建海投公司评为当月的"海投之星"，成为第一个获此殊荣的外籍员工，也是第一个以50岁"高龄"问鼎这项常常被年轻人"霸占"的荣誉的员工，一下创造了两项纪录。

心中的中国情

如今，上马相迪A水电站每年都源源不断地为尼泊尔首都加德满都提供大约10%的清洁能源。50多岁的希苏巴也走上更高级的管理岗位，但他心里有着一个最大的愿望，那就是在中国电建工作到退休。

"我从小就对中国充满了好奇。"希苏巴的家乡在尼泊尔北部，高高的珠穆朗玛峰脚下，隔着高高的雪山，儿时的希苏巴时常幻想着山那边中国的样子，中国人是怎样生活的？中国有汽车吗？什么时候能去中国学习呢？这些问题一直萦绕在他脑中。

机会终于在1991年来临了。因学习成绩优异，他被尼泊尔教育部选派到上海同济大学学习建筑，开始了为期6年的留学生涯。

6年时间里，同济大学"同德同心同舟楫，济人济事济天下"的理念，在他内心像种子一样生根发芽，慢慢练就了他踏实严谨、团结协作、乐于助人的风格。工作没干完，他坚决不回家；新来了大学生，他就主动把当地财务、商务政策翻译给他们，并悉心指导。经常利用他的人脉关系，帮国内来的同事联系机票、订宾馆，主动做好后勤服务。有一次，一位刚来项目的同事生病住院，他整晚都在医院陪护，直到那位同事病情稳定才回家。

"中国人为什么这么努力？中国为什么发展这么快？"这是工作后的希苏巴一直思索的问题。参加了上马相迪A水电站的建设，希苏巴找到了答案。

电站建设中，经历了尼泊尔8.1级大地震、口岸关闭等一系列危机，但中国电建想尽各种办法努力协调解决，只用3年多就建成投产，而尼泊尔另一座同等规模的电站，别的外国公司干了七八年才建成，中国电建在尼泊尔创造了"中国速度"。希苏巴说，电建人很让我敬佩，也让我很感动。

多年与中国人打交道，希苏巴已经非常熟悉中国文化和中国管理，连他自己也感觉"快成了中国的一部分"。

"儿子在武汉师范大学机械自动化专业学习，毕业后他也想回国到中国公司工作，10多岁的小女儿也非常热爱中国文化，正在学汉语。"希苏巴一家都已经与"中国"两个字紧密联系在一起了。

2017年5月12日，中尼两国政府签署"一带一路"合作备忘录。尼泊尔副总理兼财政部长马哈拉表示，在"一带一路"倡议推动下，尼泊尔发展有"无限可能"。

一抹晚霞染红了电站营地的天空，三角梅火一样盛开在茵茵草坪。希苏巴坐在草坪边的石凳上休息，享受着下班后的闲暇。

营地边上一团团火红的杜鹃花吸引了他的眼睛，那是尼泊尔的国花，也是中国的十大名花之一，也是中尼友谊的美好象征！

作者：韩国芬　谭　毅

蓝梅珍：Bagus，Bagus，棒棒的！

　　25 岁的蓝梅珍，是中国电建集团海外投资有限公司印尼代表处秘书，是一名性格开朗、活泼的女孩，能说一口流利的汉语。"能评上优秀员工是公司对我的鼓励，我很愿意也很荣幸在中国电建工作，在这里我收获了很多，我很快乐！"

"因为学中文与中国企业结缘"

　　出生在印度尼西亚勿里洞岛的蓝梅珍是第三代华人。一直以来，她的家族都保持着中国传统民俗，使她从小就有一种中国情结，对中国十分向往。在母亲的鼓励下，蓝梅珍中学毕业后考入印尼建国大学中文系，正式开始学习中文。

　　"2010 年已经有很多中国公司来到雅加达开展业务，母亲告诉我说学好中文能够到中国企业工作，我想更深地了解中国，于是就选择了中文专业。"大学毕业前，蓝梅珍就通过了汉语水平五级考试（HSK），凭借优异的成绩，在全年级 120 人中脱颖而出，成为 12 名获得孔子学院奖学金的学生之一。

2014 年，蓝梅珍进入厦门大学汉语国际教育专业深造，开始了她的研究生学业。因为对中国和中文的浓厚兴趣，以及勤奋好学的性格与习惯，在研究生第一年，她的每门课程成绩都在 90 分以上，并通过了汉语水平六级考试和汉语中级口语考试。

通过多年的学习，蓝梅珍越来越喜欢中国，特别是中国的历史和文化。她利用假期独自去旅游。"我的外公是山东人，而且我很小就知道孔子，所以我最先去了曲阜，然后爬了泰山，又去了济南的趵突泉和大明湖。"她乘坐高铁来到上海、杭州、苏州等华东地区的大城市，北京、昆明、丽江、香格里拉也都留下了她的足迹。"中国的大城市都很现代化，但我更喜欢云南，那里不仅自然风光好，而且有很多古城，让我感受到了中国厚重的历史。"

2017 年 1 月 23 日，蓝梅珍以应届毕业生的身份入职中国电建海投公司印尼代表处。"我很荣幸在刚出校门就拥有这样的工作机会。中国电建是世界500 强企业，作为一名华人，我们全家都为我能在中国电建工作而高兴。"蓝梅珍有三个姐姐和一个哥哥，他们都在老家勿里洞做生意。"因为学习中文，

▲ 蓝梅珍（前排右二）与印尼团队在一起

让我与中国企业结缘，改变了我的命运。"

"为中国和印尼架一座沟通的桥"

明古鲁 2 台 10 万千瓦燃煤电站项目由印尼国家电力公司向全球公开招标，由中标人以"建设—运营—移交"（BOT）方式投资建设。2015 年 8 月，中国电建海投公司持股 70% 的中印尼合资企业中标。

该项目是中国电建在印尼市场化竞争条件下获得的第一个火电投资项目，也是明古鲁省目前最大的投资建设项目。工程于 2016 年 10 月 25 日开工，项目投产后，将改善苏门答腊岛缺电的现状，促进当地基础设施升级改造，带动周边产业发展，创造大量的就业机会，推动当地的经济社会发展。

中国电建海投公司印尼代表处就负责该公司在印尼区域的业务拓展与执行，以及明古鲁项目的投资建设管理。作为秘书，蓝梅珍除了负责代表处日常的文件翻译、制作、打印、流转等工作，为来访人员订机票、酒店，还要保证公司注册证等各项证明和许可材料到期后及时延期，要确保中方员工签证到期后及时续签……用她的话说就是："工作压力不大但是很繁杂。"

虽然很快适应了工作环境和节奏，但入职 3 个月时，蓝梅珍就迎来了工作以来最大的挑战。当时，印尼代表处更换代表，意味着代表处的注册证书、投资证明等文件上的代表名字都要变更，十余份文件要到当地不同级别的政府部门办理变更手续。

在代表处领导的鼓励下，蓝梅珍独立承担起这份工作。"我在政府网站上查询每份文件所需要的支撑材料，比如代表签证、公司领导的任命函等，所要求的支撑文件种类从五个到十多个不等，工作量很大。材料准备全了，后面的手续办起来就比较快了。"

那段时间，蓝梅珍每天先到办公室处理当天的工作，之后就带着各类文件前往政府部门，中午匆忙回来吃几口饭，下午再次出发。就这样在外面奔波了一个月，将所有的变更手续完成。"通过这项工作，我了解了印尼政府的条例条款和一些手续的办理流程，为今后更好地开展工作打下了基础，积累

蓝梅珍：Bagus，Bagus，棒棒的！

了经验。"

此前，代表处的中方员工的工作签证都是半年，到期后需要返回国内重新办理签证。蓝梅珍多方咨询，想办法将中方员工的工作签证办成一年签，延长了时间，减少了很多麻烦。在印尼工作，如果没有税卡，每月的工资要按 20% 缴税。为此，蓝梅珍帮助中方员工按规定办理了个人税卡，这样就只用交 5% 的税。在印尼，政府政策或条例更新比较频繁，蓝梅珍每天都会浏览印尼能矿部等政府网站，并将更新的条例与之前的进行分析比较，提供给领导作为参考。

代表处的印尼籍员工，分别在秘书、前台、出纳、司机和保洁等岗位工作。蓝梅珍是唯一一名华人，再加上对中国文化的了解和较高水平的中文能力，印尼员工在工作和生活上有什么困难向领导反映，都会找蓝梅珍做翻译。"代表处的领导和中方员工都很友善，我在这里工作很愉快，我愿意成为中国和印尼沟通交流的桥梁。"

在蓝梅珍的 2017 年度工作总结中，详细地记录了代表处每一份证明文件的变更流程，以及需要提供的支撑材料等内容。其中，2018 年工作计划中清晰地列出了两张表格，一张是代表处证明文件的名称和到期时间，另一张记录着每一名中方员工签证日期和税卡情况。

2018 年 2 月，蓝梅珍被中国电建海投公司评为优秀外籍员工。"该员工工作态度积极主动，工作能力突出，中文、英文水平较高，表现优秀，特此推荐。"推荐表上，印尼代表处领导这样评价蓝梅珍。

"'一带一路'倡议给印尼带来很大的变化"

"泰国、新加坡、印度尼西亚，水电、火电、处处都开花，大集团、大品牌、大国际呀，电建海投更强大……"

去年 8 月，中国电建海投公司主办了"海声飞扬"外语歌曲大赛，蓝梅珍将中文歌曲《咖喱咖喱》改编为海投版的 *Bagus,Bagus*（棒棒的），轻松活泼的旋律配上充满意义又押韵顺口的歌词，成功夺得比赛二等奖。在 MV 中，抱着吉他演唱的蓝梅珍充满自信，笑得十分灿烂。

"秘书是我从事的第一份工作，是我职业生涯的起点，我对此十分珍惜，尽最大努力去工作。经过一年的不断学习，以及同事、领导的帮助，我的工作技能有了明显的提高，也逐渐成熟了。我希望在中国电建继续提升自己，实现自身价值，做一个有用的人。"蓝梅珍的自信源自这一年多来的付出与成长。

2018年3月7日，在中国电建海投公司的组织下，包括蓝梅珍在内的6名优秀外籍员工来到故宫游览。"我被故宫宏大的建筑所震撼。这是我第二次到北京，仅仅两年时间，很多的高楼大厦拔地而起，北京又发生了很大的变化。"

同样令她感同身受的，是印尼、是雅加达正在发生的变化。"我的老家勿里洞以前经常停电，现在每天至少要停一两次。不过近几年随着越来越多的电厂开工建设，印尼停电的地区少了很多，我相信勿里洞的缺电状况也会逐步缓解。"

"万隆的风景很好，是个旅游城市，我们一两个月就会去万隆旅游一次。从雅加达到万隆只有100多公里，以往开车3个小时就能到，但随着汽车的增加，以及沿途公路的建设，道路非常拥挤，现在开车要走七八个小时。"蓝

蓝梅珍："Bagus，Bagus，棒棒的！

梅珍说，很多当地人都知道中国企业正在建设印尼的首条高铁——从雅加达到万隆的高速铁路，"我们都对这条高速铁路的建成非常期待，当我得知中国电建也参与了高铁的建设时，作为中国电建的一名员工，我感到非常自豪"。

　　"我上大学时，就听说过中国的'一带一路'倡议，当时不太明白是什么意思。通过我的亲身经历，现在我理解了。'一带一路'倡议能够让我们两个国家和两国人民都受益。"蓝梅珍说，"北京的大街上看不到电线杆和输电线，已经敷设成地下电缆了。'一带一路'倡议给印尼带来了很大的变化，按照这样的发展速度，雅加达很快也能变得更加现代化。"

作者：耿兴强

阿列格：在电建海投的幸福生活

在美丽的老挝南欧江梯级电站，有一位英俊帅气的小伙，他个子不高，敦厚结实，黝黑的脸庞线条俊朗，略带笑意的大眼睛透着真诚。他就是电建海投南欧江流域公司的老挝籍员工阿列格。

阿列格来到中国电建工作，源于一次偶然的机会。2013年，中国电建投资建设南欧江梯级电站，一期工程二级电站的移民工作正进入最繁忙的阶段。有一次，中方移民工作人员在移民村学校搞实物指标调查，由于翻译有事请假了，汉语和老挝语沟通起来十分困难，只能采用打手势、画图等方法，急得工作人员直跺脚。

这时，阿列格走了过来，他用流利的英语问中方人员能不能讲英语，他可以将英语翻译成老语。中方员工的英语还算可以，于是阿列格就把中方的英语翻译成老语给村民。因为阿列格是当地人，村民们也比较信任他，经过他的翻译传达，村民们对协议的内容清晰明了。经过一番努力，工作取得了突破性的进展。

在感谢之余，中方人员仔细观察了一下阿列格，看到他热情活泼、聪明机灵，就邀请他到南欧江二级电站工作。中国公司在当地声誉很好，特别是外籍员工的收入与当地相比要高一些。所以阿列格毫不犹豫地答应了，成了中国电建南欧江二级电站的一名翻译。

阿列格家就在二级电站附近的哈克村，女儿3岁，聪明可爱。小时候阿列格家庭贫困，父母迫不得已把他送到寺庙里生活，当时刚满10岁的阿列格，每天跟着大和尚天不亮就出去布施，回来后要打扫寺庙卫生。他勤奋聪明，虚心好学，几年后不仅能熟读经文，还自学了英语，掌握了文化知识。

这段经历让阿列格养成了勤奋好学的习惯。在工作上，阿列格只有"OK"二字。阿列格的劳动协议中规定周末休息，老挝人在作息时间上特别较真儿，但阿列格却不一样，他看到中国员工周末经常加班，便每次周五下班前，总是问上一句："领导，明天有工作不？有了，就给我打电话。"有时周末真的需要他协助，便给他打个电话，阿列格随叫随到，毫无怨言，而且从来不提加班薪酬的事。

阿列格有个漂亮的太太，同事们也经常拿这个打趣他，他总是不好意思地笑笑。他们一家感情很好，幸福美满。阿列格业余时间从不闲着，上山干农活儿，下河捕鱼贴补家用、洗衣做饭，样样都行。移民村建好以后，阿列格和库区的村民们，从村里原来低矮简陋的棚房，一起搬进了宽敞明亮的移民新村。阿列格和老婆一起，把家里整理得干干净净，整齐而又温馨。

时间长了，中方员工也学会了一些简单的老挝语，但发音不准确，可是阿列格很有心，他一方面纠正大家的发音，给大家当起了老语教师；一方面他也熟悉了中国同事带有地方特色的"中式老语"，交流起来十分默契。

作为翻译，阿列格需要全程参与库区移民工作。库区工作非常艰苦，交通不便，工作一忙晚上常常要住在村子里。村子里没有通电，天黑睡觉，天亮干活儿，常常几天连续工作，活泼好玩儿的阿列格都忍受下来。村庄里食物匮乏，往往是在村民家里，一团糯米饭，几只鲜辣椒就是一餐，有时还需要把这样的饭带到山上作为午餐。

征地移民工作，涉及村民财产清点和各种补偿合同的谈判，每一个环节都关系公司和村民的切身利益。作为一个老挝人，阿列格却能很好地扮演翻译角色，坚持公平公正，不参与意见。有时耐心地把公司意见和补偿政策向村民进行说明，做村民思想工作，促使公司和村民达成一致意见。村民的各种意见和建议，他也及时反馈给公司责任部门，采取措施，及时处理，维护好公司的利益。

阿列格性格率真，真诚坦荡。很快他就有了不少的"中国哥们儿"。他们在一起快乐共事，开心生活。休息时间，"中国哥们儿"会教他几招乒乓球，他苦练许久，依然没有招架之功。但是到了老挝国球——藤球的场地上时，则成了阿列格表演的舞台。此外，他也喜欢上了中国餐，川味的"酸菜鱼"是他的最爱。

一次午饭后，大家一起在二级电站营地绿草如茵的小径上散步。阿列格动情地对记者说："在中国电建公司上班，不仅提高了收入，更受到了尊重，在村子里也受到人们的羡慕。工作开心，家庭幸福，心情愉快，这就是我现在拥有的，也是最想要的生活！"

是啊，中国和老挝员工虽然国别不同，但共同的事业、共同的追求，却让他们有了共同的梦想、共同的幸福。

作者：耿兴强

Souk：在最美的时节遇见最好的你

Souk 是名土生土长、活泼开朗的老挝女孩。

8 年前，刚从老挝国立大学机械工程专业毕业的 Souk 带着青春的梦想，从家乡沙瓦纳吉来到老挝首都万象，成为"万漂"一族。

一天，电建海投公司南俄 5 水电站刊登在《万象时报》上的一则招聘广告吸引了 Souk 的注意。抱着试试看的心情，Souk 拨通了招聘电话。正是这通电话，开启了 Souk 与中国电建海投公司 8 年的缘分之旅。8 年来，Souk 从一个"新鲜出炉"的应届毕业生成长为一名优秀的业务骨干，把最美好的青春岁月留在了蓬勃发展的电建海投。

现在，Souk 有一个幸福美满的家庭，丈夫 Bounmy 是她坚实的依靠，两个可爱的儿子是她挂在嘴边的骄傲。结婚伊始，Bounmy 从事工程类行业，常常需要短期出差，照顾一家老小的重任都落在了 Souk 的肩上，但是 Souk 从不会因为自己的家庭而耽误工作。她白天上班，下班后独自承担照顾家庭、孩子的责任，晚上还去进修学校学习，提高自己的英语水平，这种状况持续了两年半。为了拿到南俄 5 项目融资关闭前提条件中多达数十个的老挝政府审批，Souk 每天往返于老挝政府各相关部门提交文件，深度沟通，回到办公室后还和中方同事一起加班，准备文件。

8 年间，Souk 先后历经了老挝南俄 5 水电站，南欧江一期、二期水电站项目，身边的同事换了一拨又一拨，Souk 依然坚守在自己的岗位上。2016 年，是电建海投公司的收获之年，也是 Souk 的收获之年。这年，Souk 再次获评南欧江发电有限公司年度星级员工，这也是她连续第二次获得年度星级员工。即便如此，Souk 从不以资历自恃，领导交代的任务总能及时地完成，不抱怨、不挑活儿。

Souk 精通英语和老语，和中方同事交流使用英语，和老挝政府沟通使用老语，在中方同事和老挝政府之间架起了沟通的桥梁。在跟进南欧江二期项目《国会决议》和《总理府令》的批复之时，面对政府工作人员的不配合，Souk 积极协助中方同事，与政府工作人员积极沟通，多次成功破解难题，并最终顺利获得《国会决议》和《总理府令》的批复。特别值得称赞的是，遇到个别老挝人员对南欧江发电公司产生偏见和误解时，Souk 总会第一时间站

▲ 前排左二为Souk

出来维护公司的声誉，并充分解释，为公司在老挝政府内部树立起了良好的企业形象。

Souk 性格开朗，为人率真，总能和身边的同事很快打成一片，并经常为中方同事呈现她亲手制作的"老挝国菜"——打马洪，但久而久之，中国菜也成了她最爱的菜系之一。

在海投公司的第一个 8 年，Souk 完成了一名青涩少女到一名母亲、一名业务骨干的身份转变。对于过往的 8 年，Souk 非常满意，言及未来，Souk 充满期待，用她自己的话说："期待在海投公司的下一个 8 年，再完成一个大项目！"

作者：陈　忠

本蓬·格萨达萨：再回首已十年

2008年5月的一天，本蓬·格萨达萨做出了他人生中最重要的一个决定。从老挝国家电力公司来到刚刚开工建设的中国水利水电建设集团公司（中国电建集团前身）南俄5水电站工作。

一晃十年过去，本蓬·格萨达萨从未后悔过当初的决定。从46岁到56岁，从南俄5水电站到南欧江梯级水电站，从参与移民搬迁，到负责电力营销，本蓬·格萨达萨把人生最美好的岁月，献给了老挝的水电事业，献给了扎根老挝水电资源开发建设的中国电建。

"和中国同事在一起，工作有力量"

南俄5水电站位于老挝北部山区的深沟密林中，恶劣的自然环境，复杂的地质条件，让本地人本蓬·格萨达萨都不由得吸了一口凉气。用"天无三天晴，地无三尺平"，形容这里也不为过。尤其是通往水电站的58公里进场道路，完全的山路，蜿蜒曲折、坑洼不平、塌方滑坡，时速只能维持在10公里左右。

"第一次进现场，我被车颠簸得都吐出来了。"本蓬·格萨达萨现在回忆起来还心有余悸，但他的中国同事却早已习以为常。

一个月下来，他对中国同事更是敬佩有加。"中国人的敬业精神让人感动，他们都很优秀，勤奋好学，有韧劲和奉献精神，确定的目标想尽办法也要完成。"

本蓬·格萨达萨从中国同事身上受到了启示，在负责移民搬迁的过程中，他把自己变成一个泥腿子、铁嘴子，不仅熟稔国家有关政策，以及水电站建设对于国家和当地经济发展的重要意义，还学会掌握沟通技巧，以德服人，以情感人，多从村民的角度出发，多做换位思考，想尽一切办法为村民解决后顾之忧，最终获得了更多村民的理解和支持，移民搬迁工作得以顺利推进。

"中国人工作态度和处事方法很好。所以，我一直在加强中文的学习，加深对中国电建企业文化、经营理念、管理方式以及中国人思维理念的理解，这对我个人的成长和工作开展都带来了很大的帮助，和中国同事在一起，工作有力量。"本蓬·格萨达萨说。

"'一带一路'建设是伟大的事业，我很幸运参与其中"

本蓬·格萨达萨非常喜欢老挝著名摇滚明星阿提萨·拉达纳翁，由他演唱的一首激情四射的摇滚歌曲《一带一路》，从老挝一直火到中国。本蓬·格萨达萨尤为高兴，因为他已是南欧江流域发电有限公司的副总经理，而南欧江梯级水电站正是因中国电建积极参与"一带一路"建设而应运而生。

"中老两国山水相连，毗邻而居，老挝水电资源丰富，推进区域电力一体化，把老挝建成'东南亚蓄电池'，这与中国习近平主席提出的'一带一路'倡议不谋而合。南欧江梯级水电站项目的品牌效应对加强中国与东盟的互联互通、基础设施领域的合作具有重要意义。"这对于曾长期在老挝国家电力公司工作，参与过多个水电站项目的协调工作的本蓬·格萨达萨来说，南欧江梯级电站始终处在他心目中的第一位。

"南欧江梯级水电站是中资企业首个海外全流域整体投资开发的BOT项目，公司为其'量身定做'了'一库七站'的设计方案，可减少将近一半的淹没区域，以最少的移民搬迁、最少的耕地和林地淹没损失，统一调配七级水能资源进行发电，南欧江的发电能力也将不受水电丰枯季节的影响，处处闪烁着中国电建人特有的睿智和担当。"

在本蓬·格萨达萨眼里，短短五年多的时间，南欧江梯级电站一期二、五、六级水电站便已投产发电，二期的一、三、四、七级水电站也在去年完成了大江截流，这便是中国电建人参与"一带一路"建设结出的硕果。"'一带一路'建设是伟大的事业，正需要这样伟大的实践。作为见证者和参与者，我很幸运，也很幸福，想和中国同事一起奋斗下去！"

"中国电建的重信守诺，让我感动"

"说实话，作为一名在中国公司工作的老挝人，从心里我是倾向老挝人的。虽然在移民搬迁、外围协调的过程中，对于村民给予了很好、很大的承诺，但对于这些承诺到底能不能实现，其实我心里有时是打问号的。但这么多年过去了，显然，当初我的担心是多余的。"

南汀村是本蓬·格萨达萨在南俄 5 水电站工作时常去的一个小村庄。随着水电站的投产发电，南汀村也告别了无电的日子。村民们装上了电灯，架起了卫星接收器，跟城里人一样看上了卫视节目。中国电建在修建水电站的过程中，还为当地村民修建了近 90 公里的公路以及一座跨河大桥。现在，这不仅仅是出山路，还是致富路、幸福路。

本蓬·格萨达萨说，现在很多村民做起了林业和畜牧业生意，各种山货农产品，被源源不断地运出大山，生意越做越大，日子越过越好。散居在周围山里的民众陆续聚集到这里，几年的工夫，人口数量翻了三番，南汀村也成了周边最富裕的村庄。

在南欧江二级水电站附近的哈克村，当初的承诺也一一兑现。"库区的村民们不仅从村里原来低矮简陋的棚房，一起搬进了宽敞明亮的移民新村，还修建了学校、医务室、村公所、市场，为满足移民的宗教活动，专门修建了寺庙和焚化台。启动了'生计恢复'工程，修建了 12 公里的机耕路，引导村民科学种植咖啡，还给予移民口粮补助，帮助移民顺利度过过渡期。移民村中的优秀学生还被公司资助前往中国的武汉大学留学深造……"对于这些，本蓬·格萨达萨如数家珍。

2018 年 3 月，本蓬·格萨达萨还被评为优秀外籍员工，第一次来到中国北京参会领奖。不仅和公司领导面对面座谈交心，还安排了逛故宫、登长城、吃烤鸭等丰富多彩的活动，本蓬·格萨达萨深受鼓舞。

"十年时间，我见证了南俄 5 水电站和南欧江梯级水电站的建成，见证了南汀村、哈克村的巨大变化，更见证了中国电建人在老挝这片热土上的拼搏奋斗。我爱这里，不想离开中国电建这个家。"本蓬·格萨达萨满怀深情地说。

作者：刘向晨

南欧江畔的"幸福哥"

　　洪安，老挝南欧江一级电站项目部老挝籍司机，在南欧江发电公司 2018年工作会上，被评为优秀员工。27 岁的他有着传统老挝人的优良品德，性格随和，淳朴，与世无争，在与人说话交往过程中，嘴角总带着些许腼腆的微笑。

　　与电站结缘。2014 年 9 月，家住琅勃拉邦的洪安看到了项目公司张贴的招聘信息，同时也在电视台上看到公司招聘老挝司机的广告，随后他便到公司应聘。在发电公司试用一个月后便被分配到一级电站前期路桥工程，从前期路桥干到主体工程，这一干就是四个年头。开车的四年时间里，没出现过任何违章和事故，是一级电站项目部驾驶技术最好、开车时间最长的司机。在此之前，他先后在两家老挝公司和一家中国企业工作过。之所以能留下并且干这么长时间，用他自己的话说，"这儿不仅仅是待遇高，中方员工和领导对我也特别关心，工作干得比较顺心，能找到归属感"。

　　收获爱情。来一级电站工作一年半后，2016 年 5 月，在主体工程刚开始不久，洪安在一级电站附近坤康村收获了爱情并结婚。当他被问及

与爱人如何相识时，他的脸上总是洋溢着自豪幸福的微笑。自豪是因为经常开车去工地，与村民相处时间长了，再加上工作好，待遇高，又是在"POWERCHINA"的项目上班，村里好多人都给他介绍对象。幸福是从认识他妻子到现在，两人的感情一直非常好，还有了爱情的结晶，一个可爱的女儿。2016年5月25日结婚当天，婚礼就布置在坤康村的空场上，项目部的领导和同事也都去给他送上了红包并表达了祝福，这让洪安一生难忘。

家里的骄傲。作为家里的老小，他有一个哥，一个姐，哥在一家家具厂上班，姐从事日用品生产，工作环境、工作时间和待遇水平与洪安相比都存在差距。他也是父母的骄傲，每次出车到拉邦，只要时间允许，他也都给父母买些东西或留些钱以尽孝心。他现在吃住在电站附近的岳父岳母家，俨然成了个上门女婿，岳父岳母对这个金龟婿也是赞赏有加，还帮他照看小孩，他可以更加安心地上班。

向往明天。他常说，是电站建设让他找到了称心的工作，改善了生活。得到改善的不仅仅是他，这四年来，他见证了电站在改善周边民生，解决劳动就业方面所起到的作用。名不见经传的坤康村，公共设施在不断完

善，就业岗位在不断增多，人民收入也在不断提高。商铺多了，买卖东西方便了。他也在不断学习中文，努力把中国话说好，把车开好，他说："已经从前期路桥工程开到主体工程，还要开到发电，开到运营，就这样一直在POWERCHINA工作下去。"

作者：郑连涛

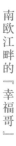

舒婉婷：中国电建让我的生活充满阳光

第一次见到舒婉婷，就被这个青春阳光、充满朝气的柬埔寨女孩打动了。28 岁的她，像大多数东南亚女孩一样，瘦瘦的身材充满活力，随意扎起的马尾辫儿，伴随着说话的手势，透出年轻的活泼和无羁，脸上洋溢着盛不下的快乐笑容。举手投足间，都透露出第一次来中国的激动和兴奋。

辗转进入中国电建

作为中国电建的优秀外籍员工，舒婉婷在 2018 年年初获得了来中国参加工作会议，并接受表彰的机会。其间，公司还安排他们参观中国故宫、登长城，品尝北京烤鸭，体验中国文化，这一路下来，充满了新奇和震撼。她说："中国是一个伟大的国度，在中国电建柬埔寨甘再水电站工作的四年，让自己从一名稚嫩的大学生，成长为在公司可独当一面的商务主管。感谢中国电建让我不断成长，让我的生活充满阳光和希望，我爱中国。"

舒婉婷是一个勤奋好学的女孩。2011 年，她以优异的成绩从柬埔寨金边皇家大学毕业。计算机专业的她，很快就在当地一家软件开发公司谋到了程序员的职位。

刚刚参加工作的舒婉婷，心里充满了对未来的向往，想在工作中做出一番成绩。在工作了一年后，她发现这个岗位工作量大且内容单调、重复，没有时间学习新的知识和技能。于是她果断跳槽，来到另外一家英国人开办的咨询公司。在这家外资企业，她负责数据录入工作，但是同样的问题依然困扰着她。

2014 年，一位在中国企业工作的朋友告诉她，中国电建甘再水电站正在招聘商务主管。她心里一动，在中国企业工作薪酬高，但要放弃自己的计算机专业，主要从事商务工作，对语言沟通等能力是个挑战。在大学期间，勤奋的舒婉婷曾学习了两年英语，这让她心里有了些底气。

精心准备后的舒婉婷顺利通过初试和面试，很快就脱颖而出，成为中国电建甘再水电站综合管理部的一名商务主管。兴奋之余，新的工作任务也让她感受到了压力。按照分工，她主要负责与柬埔寨电力公司的工作联络。双方之间的文件来往，中方与柬埔寨方面的商务会谈，都需要她来承担书面或者语言翻译。

舒婉婷：中国电建让我的生活充满阳光

于是，舒婉婷一方面要与英语不太熟练的中方员工进行英语交流，在准确领会意思后，再把英语翻译成柬语与柬埔寨电力公司进行沟通。舒婉婷说："中方员工都很有耐心，有时候遇到英语不太好的中方员工，如果语言表达不清楚，就反复通过手势或者借助词典来与我沟通，从来没有因为麻烦而着急或发火。"

在磨砺中成长

舒婉婷遇到的最大困难还不止这些。因为水电站是 24 小时运行，有些事项需要在下班后与柬埔寨电力公司进行联系。这在上下班界限清晰的柬埔寨来说，是个麻烦事儿。2017 年 7 月，由于连续的降雨，导致甘再水电站库区水位到了警戒线。水库下面几公里内有数个村庄，一旦发生意外，后果不堪设想。

一天夜里，水势继续上涨，但中方必须经柬埔寨电力调度中心同意后方可开闸泄洪。深夜 11 点，眼看水位已接近警戒线，舒婉婷按照水电站要求拨通电话，开始与调度中心联系。经过近一个小时的反复沟通，终于提前做好了一旦水位超过警戒线即开闸放水的所有措施。放下电话，舒婉婷头上溢满了细细的汗珠。

经过反复历练，舒婉婷在面对各类突发事件时开始变得游刃有余。当记者问起在中国企业和其他外资企业工作有何区别时，舒婉婷说："以前的公司把任务分配下来，只要结果，不会过问中间的过程，如果完不成任务就用薪酬来考核；而中国企业在安排任务后，还会不断地进行过程跟踪，出现问题会及时帮助想办法解决，或者对目标进行调整，这使我能够得到最大限度的锻炼和提高。"

在成长中收获

白准英和舒婉婷在同一个部门，也是她的闺密。舒婉婷说，"中国人都特别能吃苦，工作起来似乎不知道辛苦，下班后再忙活一两个小时是常态。白准英就是这样，每天的工作任务很饱满，但她还是要抽出时间来指导我学习汉语，帮助我了解电站的一些专业知识"。而白准英也虚心地向舒婉婷学习英语，时间久了，两人的对话常常可以用中、英两种语言自如切换。

中文沙龙是舒婉婷最喜欢的活动之一。白准英会定期组织柬方员工进行中文学习。每次讲到中柬两国不同的文化习俗，舒婉婷就特别感兴趣。沙龙有时候还会准备飘香四溢的咖啡，或者煮几道正宗的中国工夫茶。一边学习，一边品茗，对舒婉婷来说，是积极而富有诗意的时光。

另一件让舒婉婷时常期盼的事就是"中国年"。每到中国的春节，电站都要张灯结彩，贴春联、挂灯笼、放鞭炮，吃丰盛的年夜饭，每一件都让人兴奋不已。舒婉婷每次都抢着贴"福"字，而且深知倒着贴的典故。有时候她也把福字带回家一张，贴在家中祈祷室的墙上，相信这会为她和家人在新的一年带来好运气。

每逢"中国年"，舒婉婷还会收到公司给的"大红包"，以及三天的假期。舒婉婷的家人也熟知了过年送红包的习俗。每当春节假期回家时，爸爸妈妈和弟弟就会一起伸出手："红包拿来！"舒婉婷就开心地为他们奉上在公司早早准备好的红包。

舒婉婷最喜欢的一句话是："世界上唯一不变的事就是改变，只有不断学习，才能适应这种改变。"她下定决心要在职业生涯中走得更好更远，并为自己制定了两个小目标：一是好好学习中文，实现柬埔寨语和中文的互译；二是要在工作之余，完成研究生学业。她说，"这次一起来北京接受表彰的外籍员工里，有一个印尼小姑娘才24岁，不但中文说得好，而且早已取得了研究生毕业证书。对比一下，自己还很有紧迫感呢"。

"在中国电建工作，能感觉到身边的每个人都很积极阳光。他们远离家乡和亲人，但从不抱怨，用辛勤的工作来证明自己的价值。在他们中间，能带给我很多的正能量，让我的生活充满阳光。"

说这些话的时候，舒婉婷的眼睛里透出真诚、感动，以及对未来的美好向往。正是有了这么多像舒婉婷的人，正是有了这种美好的感情，中柬两国才会有更友好更长久的合作，才会书写这么多动人的友谊故事。我们有理由相信，中柬的明天会更好！

作者：耿兴强

项目上来了两个老挝实习生

　　文和索是两个漂亮的老挝女孩，就读于老挝南塔大学环境管理专业，大四学生，都很热爱中国文化。毕业之际，她们想写一份关于水库环境移民方面的毕业论文，经过老挝琅勃拉邦省巴乌县环境局与项目公司友好沟通，文和索受邀到南欧江一级电站项目部实习。

　　刚从校园步入社会，又在一家外国公司实习，刚开始她俩都显得有些拘谨。为了让她们尽快熟悉工作环境，南欧江发电公司一级项目部安排在项目上班的老方员工和她们进行工作对接，全面安排她们的日常生活和学习。在学习中，采用理论和实践相结合的方法，给她们

讲解移民征地工作流程、工程环境影响因素识别及处理方法、移民诉求处理环节等，然后带她们到现场一起处理工作业务，见证每一个工作步骤，解疑释惑。

文和索聪明上进，勤奋好学，加之性格开朗，为人率真，深得项目公司和当地移民的信任。她俩很快就进入了工作状态，积极主动地向村民讲解公司的移民政策，陪同老挝政府人员对梯级电站进行各项检查，架起了一座公司和政府、村民之间沟通的"桥梁"。

移民工作比较繁重，但她俩很投入。白天，文和索与项目公司人员一起到现场工作，签协议、做调查，晚上回来还主动准备移民内业资料的编制、打印、复印等。在她们的努力工作及耐心解说下，南欧江一级库区青苗补偿协议的签订及移民投诉处理都取得了很好的进展，使村民了解了公司处理移民工作都是按政策办事，而且所有政策都由老挝本国政府制定，与公司类别以及国别无关。在环境方面，两名女孩也用自己所学到的理论知识给公司提出了一些良好的建议和意见，帮助公司改善与提高环境管理水平。

如今，文和索已经完全融入公司的日常生活工作中。上班时间做内业资料，跑现场，晚上还抽空学习中文。她们说，实习生活过得很充实，学到了很多在课堂上学不到的知识，受益匪浅，为下一步踏入社会打下了坚实的基础。

对于未来，她们都有着美好的憧憬。相信在发电公司的这段实习经历，能为她们今后的工作及生活奠定良好的基础。

作者：刘亚星　陈　忠

一个"90后"女孩的首次海外新年是如何度过的？
非洲小城科卢韦齐铁皮房为何"遍地开花"？
董老哥一手东北泡菜如何酸爽了驻外生活？
时光里的"仙霞岭"留下了哪些令人难以忘怀的印象？
……

电建海投公司"走出去"发展的六年里，已有无数精彩故事孕育、发生。当时光划过年轮，这些故事终究会成为珍贵的记忆。

"记忆"篇章为您细细讲述。

记忆
JIYI

▌餐桌上的点滴瞬间

这里有最质朴的笑容，有最怀念的乡味，有最真诚的感动，有最通俗的箴言，还有最怀念的青春……

这里就是电建海投昆明公司食堂，一个简单的普通居民住宅改造的员工食堂，一个面积不足 50 平方米的一室一厅，却记录着一个平台公司日常的点点滴滴。

对于一个不足 10 个人的公司来说，能不能凝聚一股力量，朝着一个共同的目标前行，是对企业管理能力的一种考验。昆明公司自 2012 年成立至今，靠着党组织凝聚起正能量，始终发挥纽带作用，为国外各项目公司生产建设做好各项服务保障，而食堂的餐桌就是这一切最好的见证者。

画面一

"到点了，该吃饭了。"食堂阿姨的一声呼唤，把大家从繁忙的电脑桌前带到了隔壁房间的食堂。于是，大家一边打饭，一边开始了短暂的工作交流。

"项目公司近期有一批雨鞋雨伞要采购，下周工地开会就要用，现在是雨季，随时都有可能用到，考虑到物流运输出境的时间以及现场道路不畅，咱们得抓点紧。"公司当地负责人王耀东还没有坐下，一边打饭一边说。从成立至今他一直全面负责公司的各项工作，急项目之所急，想项目之所想，也是他一直对团队的基本要求。

老挝是公司的重要国别市场，当地生活用品相对匮乏，而昆明又有良好的区位优势。因此，为老挝片区的项目采购零星生活用品、提供应急响应等事项就成了昆明公司的常项工作。

综合办公室的季运涛当兵出身，公司成立之初就加入团队，一直负责办公室综合行政事务，有一股子雷厉风行的劲头。

"哦，下午我还得去趟昆明机场，有一个资料要拿，然后还要去昆明海关和经开区管委会，要不我现在就去办吧。"季运涛说。

"采购得比价询价，很花费时间，并且市场东西良莠不齐，必须得认真挑选。"深知项目公司地处境外采购不便的他，一边往嘴里夹菜一边絮叨着他的采购经验。

"那好，饭菜随便吃点就行，不然来不及了。"季运涛话音还没落，就一手拿着一个馒头出了门，留下食堂阿姨一个人在愣神，这小伙子吃饭也太快了吧……

画面二

"今天是星期五，下午又是咱们的学习时间，这周咱们该学'新概念英语——出差旅游篇'了……"

辛博这个小伙子是新加入昆明公司的应届毕业生。他是团队里英语水平最好的一个，所以，组织大家学习英语的任务自然也就落到了他的肩上。作为电建集团专业从事海外投资业务的公司，团队要求每个人必须有较高的英语口语水平。昆明公司定位特殊，平时接触英语环境也很少，因此大家都很重视每周一次的英语学习机会。

"我上周已经背诵记住了三篇课文，一周没看现在全都忘记啦。"程海峰说。

"没事，下次出国见到国外的美景美食你一下子就能想起来了。"李黎打趣道。

"哈哈哈哈……"大家哄堂大笑。

"这周咱们不但要学英语，还要学习党的十九大会议精神，这个很重要。"王耀东说。

"是啊，党的十九大召开了，祖国越来越强大，人民越来越幸福，我们的企业也越来越好，一定要好好地学习领会十九大精神。"公司财务兼党建专员邓菊香深表赞同。

"干脆咱们吃饭时间就用英语交流好了。"不知谁提了一句。

"好主意！""可以！"这个主意得到了大家一致响应。

于是，围绕在餐桌前的一次短暂英语交流就这样开始了。尽管大家的发音不太标准，都是"中国式"的英语口语，并且中间还夹杂着中文词汇，但时而传出的笑声听得出大家快乐的心情，餐桌上的饭食也更加美味。

画面三

"某某水电站检修工作就要启动了，昆明公司这次要服务好。"王耀东习惯一坐下来就开始谈论工作。

"是啊，这次听说机组设备遇到一些困难，咱们昆明公司作为技术咨询一定要发挥好作用。"有多年电厂管理经验的程海峰说。

作为项目保障部主任的程海峰，入职昆明公司已经两年多了。两年来多数时间都在项目公司带领着两个技术专业工程师，一直参与各个项目公司水电站的检修技改工作。2018年春节，因为柬埔寨甘再水电站机组检修时间紧、任务重，他连春节都是在工地上过的。全年多数时间都往返国内国外，不管是旅途的疲惫还是对家的思念，只要他一听说哪个项目公司又需要技术支持了，一下子就打起了精神。

"这次技术有些复杂，咱们最好提前介入，充分了解图纸和相关运转参数，做到心里有数。"机械管理主办李黎说。

"是啊，结合往年的技术参数，设备工况，最好是能够向厂家了解一些技术方面的信息，汇总以后，好好筹划一下。"电气管理主办李雄补充道。

"这次出去你们还有一个任务，就是帮助目前做营地物业的同事了解现场，包括现场的绿化、道路、水电线路、生活设施、房屋现状等，形成书面资料，为下一步咱们做好营地的物业管理做一些调研。"王耀东说，"具体计划是这样考虑的……"

于是，一次出国前的工作实施方案部署会议就在餐桌上开始了。

一粥一饭当思来之不易，一饮一啄饱蘸苦辣酸甜，这简单的餐桌道理，同样适用于我们的工作和生活。

昆明公司成立至今，从最初的只有 2 个人到现在的 10 个人；从最初租赁办公地点到现在有固定整洁的办公环境；从最初单纯的人员吸纳到现在集技术支持、物业服务、综合保障于一身。每个人都见证了它的成长，每个人也都付出了心血。

作为电建海投公司的一员，有幸在快速发展的企业中锻炼成长，投入海外电力投资事业这个宏大的事业，我们更应常怀感恩之心，常抱奋起之志，以积极向上的态度，努力做好本职工作，不负"一带一路"下的大好时光。

作者：东　东

董老哥和他的东北泡菜

　　柬埔寨，贡布省，甘再水电站。十二点一刻，董老哥吃过午饭，并没有直接回宿舍午休，而是来到了食堂后厨。因为，还有一项"重要"的工作需要他完成。

　　一个保鲜盒，四棵实心白菜，一袋食盐，就在一张小小的案板桌上，董老哥开始忙活起来。

　　白菜逐个洗净、摔晾后，用刀顺向割开，按层整齐摆放到保鲜盒中，然后在每层白菜间撒上少许食盐，一颗从甘再河边捡回来的鹅卵石，成为白菜们不可撼动的负重。

　　一切就绪后，董老哥才回宿舍午休。

　　董老哥的名字叫董世辉，是电建海投公司甘再项目公司的安全环境部主任。作为一名1990年入职，在海外工作了16年的电建老兵来说，董世辉有着东北人特有的热心和豪迈，工作不惜力，又特别有人缘，甘再水电站的小年轻们都喜欢称呼他为"董老哥"。

　　近30年的电建生涯，一直漂泊在外，董老哥最难舍的是故土亲情，还有一口东北泡菜的味道。对于董老哥来说，那是妈妈的味道、故乡的味道、思念的味道、梦里的味道。

"妈妈做得一手的好泡菜，十里八乡都有名，她总是能把普通的食材做成可口的饭菜。"董老哥说。

游子行万里，美食最相思。对于故乡的眷恋，对于妈妈的依恋，董老哥把它都浓缩在这一小碟泡菜里了。

作为柬埔寨国内最早投产发电的大型水电站，甘再水电站负责为首都金边以及贡布省和茶胶省供电，为当地经济发展提供强劲动力。短短几年的工夫，市场繁荣，店铺林立，各种食材日益丰富，还有了中国人开的超市。

这一切，为董老哥实现做泡菜的愿望提供了条件。

贡布市内的菜市场是董老哥常光顾的地方，做泡菜所需的白菜、萝卜、大蒜、生姜、辣椒面、白糖等食材和作料，在这里都可以买得到。在中国人开的超市里，甚至还可以买到"原装进口"的海天酱油、镇江香醋。

傍晚，经腌制和压制的白菜，用清水去除盐分后，进入了最关键的工序。董老哥将辣椒面、萝卜丝、蒜末、姜末以及调味品搅拌成酱料，均匀涂抹在每层白菜间，密封到保鲜盒内……

一切就绪，下一步骤就交给了时间，静待开启的那一刻。

董老哥和他的东北泡菜

现在，正处于柬埔寨的雨季，作为安环部负责人的董老哥身上的压力可想而知。

每天他都会带着安环部的同事到现场盯着，查违章、纠错误，查看"两票"填写和执行情况，工作细致又较真，如果被他抓住了"把柄"，那么"董老哥"立马变成了"董老黑"。

董老哥还时常会跟当地的环保部门打交道。因为，项目公司对环保工作的高度重视，逐年加大环保投入，让董老哥在当地环保局官员面前倍儿有面子，获得了政府和民众的高度认可，为项目公司挣回了不少荣誉。

第二天中午，美味开启。董老哥腌制的东北泡菜，被摆放在甘再水电站食堂的每一张餐桌上。

一小碟泡菜，散发出令人愉悦的开胃的酸甜味。不光中方员工赞不绝口，就连柬方员工也对这种来自中国的独特美食趋之若鹜。

此刻，董老哥脸上挂满了笑容。

到了周末，董老哥还会用他从东北带来的木耳和蘑菇，做上一锅小鸡炖蘑菇，或是用自制的鸡蛋酱拌上一盆凉面，让同事们大快朵颐。

"大家来自五湖四海，远离故土亲情，地处偏远郊区，每当工作累的时候，想家的时候，能吃上几口家乡的美食，也能给自己鼓鼓劲，让大家抱成团，继续在甘再好好干，干出成绩来。"董老哥说。

在甘再水电站，跟董老哥一样默默坚守的中国电建人还有60多名。扎根大山，鏖战江河，虽长年累月，习以为常，但更值得敬佩。因为，他们懂得，越是这样，越要在异国他乡、甘再河畔，把这座电站管理好、运行好，让它成为连接中柬两国友谊的纽带，为践行"一带一路"倡议贡献一份力量。

这便是海外电建人应有的担当，这便是海外电建人的一腔赤子情怀。

作者：刘向晨

▎老方的故事

在老挝水泥工业有限公司（以下简称"水泥公司"）有这样一个人，在生活中，他是自己的舵手，努力追寻着自己的梦想；在家庭里，他是经济支柱，用那瘦小的身躯扛起了整个家庭；在工作中，他管理有方，一个人带领老挝籍职工完成了近乎一个车间的工作量。他就是原料车间副主任老方。

生活有"方"：多才多艺＋铁血柔情

老方，原名方翔，出生于 1967 年。从 2010 年 8 月来到水泥公司，至今已有 8 个年头，在这 8 年里他给人的印象是"多才多艺＋铁血柔情"。

老方的才艺很多，年轻的时候组过乐队，负责低音部分的贝斯手；而在广州从军的那段经历则让他学会了粤语，赢得了"粤歌王子"的称号。给我印象最深刻的，是在公司春节晚会上，他对着妻子深情款款唱的一首粤语歌曲《共同度过》，最感人的是那一句"没什么可给你，但求凭这阕歌，谢谢你风雨里，都不退愿陪着我"。歌词如同老方当年对妻子许下的诺言，始终温柔绵长却又铿锵有力，这不仅是老方对妻子爱恋的深情表达，更是老方生活的真实写照。

老方的妻子在 2015 年查出肺癌晚期，听闻消息的他立即交接了工作，回到家陪着妻子与病魔斗争，白天在医院跑各种手续，跟妻子说着宽心的话，晚上回到家里照顾老人，同时关心女儿的学习，里里外外一个人撑起了整个家。妻子的病情最终在医生的治疗和他的耐心开导、悉心照料下得到了控制，他从死神手里夺回了心爱的人。

现在经过岁月风霜千锤百炼的他虽然已年过五十，但消瘦的身形仍然不能禁锢他饱满的精神，满是皱纹的眼角藏不住他矍铄的眼神，他依然如同当年在部队一样——行如风，站如松，从未卸下那心中的坚守。

管理有"方"：深入开展属地化管理

老方管理的是原料区域，面积几乎占了整个厂区的四分之一，这么大的区域若按照正常的四班三班倒至少需要 4 个中国人带班，但为了控制成本，只给老方配备了一些老挝人。为了在安全的情况下保障设备的正常运行，老方打起了这些老挝职工的"主意"。他首先把所辖工作面根据特点进行细分，哪些是容易出故障的设备、容易出安全事故的地方，哪些是只需要巡检的区域，哪些是需要经常做保养的设备，全部按照特点分开，并根据类别制作材料，列出工作条例。然后从管辖的老挝职工里挑选出来一批机灵的亲自带着，教其日常操作规程设备保养的技巧，以及对设备异常的判断。经过一年多手把手地教授，这批徒弟里面出现了几个拔尖的，可以直接上岗带班，他立即跟领导申请将他们提拔为副主任，给予职务的同时提高他们的待遇，让他们开始"传帮带"下一批老挝职工。

经过这样一段时间的培训，通过"传帮带"的方式，老方把原料区域管理得有声有色，不仅日常的巡检、设备保养、故障维修没有问题，管辖区域的卫生也做得首屈一指，更是保证了生产的安全性，连续四五年无安全事故。老方还经常跟老挝职工谈心，及时解决职工面临的困难和思想包袱，使得老挝职工队伍保持极低的辞职率，创造了老挝班组的奇迹。

学习有"方"：老挝语听说读写样样行

这样出色的管理其实跟老方的另外一个技能分不开，那就是精通老挝语。

2010 年初到老挝的老方和大家一样对老挝语一窍不通，看着这蝌蚪文似的老挝字更是头晕。但他在第一天了解了工作安排和人员配置后就意识到了学习老挝语的重要性，于是从市场上买了一本带汉字注音的中老文学习教材，啃起了老挝语这块硬骨头。在其他同事聚餐的时候，他在宿舍对着书挑灯学习；在别人组团出去游玩的时候，他戴着耳机听汉老音频；在别人用手势安排布置工作的时候，他用蹩脚的老挝语在跟老挝职工沟通工作，不到一年就能说一口地道的老挝语。但是他并不满足，又找来老挝小学生常用的带音标的教材，学起了老挝字。经过这些年的持续自学，读写老挝语已不成问题。每次给职工布置任务时，他不仅直接用老挝语跟他们沟通，而且用粉笔将任务通告写在办公室外的黑板上，让每一个职工清楚地知道自己需要做什么，需要怎么做。精通老挝语也给老方的管理立下了汗马功劳，让老方在跟老挝职工沟通过程中毫无障碍。而乐于跟老挝职工沟通的老方更是成为老挝职工倾诉的对象，今天家里老婆炒菜咸了、昨天孩子生病了、明天要跟朋友踢藤球了，都是他们聊天的话题。

经过这 8 年的锤炼，老方把他的原料团队打造得固若金汤，不仅职工流失率是水泥公司各车间里面最低的，而且原料的设备故障率也是最低的，安全事故更是"零发生"，为水泥公司的稳定生产拧上了原料这颗螺丝钉。

老方的优秀品质赢得了中老方职工的赞誉。他是水泥公司属地化经营政策的坚定拥护者和落实者，是水泥公司属地化管理的一个缩影，正是分布在各个部门 / 车间的"老方"把水泥公司送上了老挝水泥市场销售冠军的宝座，让水泥公司享誉全老挝。

作者：钟海山

老刘的"开心农场"和七只小狗

在南欧江二期三级电站项目部，老刘是个"名人"，一提起老刘，无人不竖起大拇指称赞。他的"出名"和他开垦的"开心农场"以及七只小狗有关。

2016年初，老刘来到老挝参加了南欧江一期二级水电站工程运营维护。2016年4月，三级水电站主体工程开工，他又"转战"到了三级水电站项目部。南欧江三级电站位置偏僻，距最近的县城尚有50多公里，购买蔬菜及生活用品很不方便。为丰富大家的伙食品类，给单调的工地生活增添几分色彩，老刘硬是在临时营地一块闲置的坡地上开垦出了一方"开心农场"。

"开心农场"既搞种植也搞养殖，"产业"发展颇为平衡。在布局农场时，老刘也花费了一番心思。结合地形，老刘开垦出一块块小梯田种蔬菜和香蕉树，在坡地平台上建有鸡舍、鸭舍、鹅舍和水池等，农场里共饲养了40多只鸡、20多只鸭和4只鹅。每餐过后，他都会在员工食堂收集剩菜剩饭，再到附近山上采摘野菜、野果，这些都是鸡、鸭、鹅的食物。平日里，老刘给鸡鸭喂食，给蔬菜和香蕉树剪枝、松土、施肥、浇水，精耕细种、一丝不苟。蔬菜和香蕉树为鸡、鸭、鹅提供阴凉的活动场所，鸡、鸭、鹅的粪便又成为蔬菜和香蕉树的上等肥料，使得蔬菜和鸡鸭鹅及禽蛋都绿色无污染，达到了植物和动物和谐共处。

三级电站项目部地处偏僻山区，如何保证营地安全，不发生偷盗等治安事件是个重要问题。

为此，老刘喂养了一条老挝当地品种的公狗，因为当地狗能适应长年高温湿热的气候。小狗崽刚出生时就一直跟在老刘身边，在他的精心喂养下，小狗崽逐渐长大成年，成为称职的"营地保安力量"。

2017年7月的一个雨夜，这只公狗立下了"头功"——成功阻止了一起宿舍区盗窃事件。当时凌晨两点多，夜深人静，有人试图从临时营地围栏外翻越进入营地实施偷窃，公狗听见响动后马上狂叫起来，把小偷吓跑了，避免了财物损失，这只公狗在营地安全值守上有效发挥了"犬防"作用。

项目部即将入住永久营地，为满足安全防护区域扩大的要求，老刘早早地给这公狗找来了一个伴侣，准备充实"犬防"力量。2017年12月5日，三级水电站大江截流庆典隆重举行，七只小狗恰好在当天诞生。望着憨憨入睡、毛色各异的七只小狗崽，老刘师傅高兴的心情溢于言表。经项目部商议

后，老刘决定给七只小狗分别取"祝贺""三级""电站""大江""截流""圆满""成功"七个老挝语昵称，以此来祝贺和纪念南欧江三级电站大江截流圆满成功。

老刘不仅勤勤恳恳、兢兢业业完成本职工作，还不断用乐观、健康的生活态度感染项目部每一个人。也许，老刘就是海投人的一个缩影，在"一带一路"的广阔天地里，从事着有意义的事业，过着有价值的人生，享受着有乐趣的生活。

作者：荣晓刚

▌理发记

太阳西下，晚霞满天。繁忙的一天过后，老挝南欧江二期七级电站项目营地里，进入了一天中最惬意的时刻。

面对镜子中的自己，来工地一年多的技术员王加杰，发现自己的皮肤黑了，身体也壮实了，只是那蓬松的头发，似乎在提醒自己又该理发了。

说起理发，在七级电站还有一段颇为曲折的故事。

两年前，南欧江二期七级电站开展建设。这里是山套着山、坡连着坡，离最近的县城也有100多公里的距离，是南欧江七座电站中最偏远的一座。

每个月只有一两趟车通往100公里外的奔诺县城，采购大家的生活必需品。对于理发这样的小事，刚开始大家都没放在心上，毕竟在深山老林里，又接触不到"外人"，埋头干活儿就好，就任由着头发疯长。

虽然地处深山，不用在乎"发型"，但头发越长越旺，在潮湿闷热的老挝，着实让人心烦。

项目综合办江勇是一名40多岁的江苏人，热情细心。看着大家伙儿个个"怒发冲冠"，他是又好笑又感慨。

自己动手，丰衣足食。江勇便利用到琅勃拉邦省出差的机会，特意带回了一套理发工具。

平日里，只有在理发店里才能见到的电推、平剪、围布，当摆在面前的时候，还真透着一份新奇和兴奋，自然也成了大家的"宝贝"。

可这问题又来了，谁又会熟稔这套"宝贝"的使用口诀呢？一个项目部，没有一个人会理发的。

咱们电站都建得起来，理个发还不是小 case？！

"那好，大家就从'头'做起，自己学着理发吧！"江勇鼓励大家道。

这套理发工具一个晚上传了三个宿舍，四个人第一次吃上了"螃蟹"。

第二天，这项目营地里可就炸了锅了。四个人的头发倒是都见短了，但个个头顶凹凸不平，好似"狗啃"的。

大家你看我我看你，努力憋着不让自己笑出来。

剪过头发的赶忙把安全帽戴上，还没剪过头发的抚摸一下一头"长发"，瞬间熄灭了念头……

有人提议，"干脆理个光头得了。这样既省事，又干脆，在这深山老林里，又不逛街，又不相亲的，谁在乎你留什么发型？"

"那咱们项目部不都成少林寺了……"

"那就从网上下视频，跟着电脑好好学一下。"

"理发不同其他，必须有师傅手把手教，看视频自己摸索，等练成了，咱们这个电站也都建成了……"

怎么办？这可难坏了这帮英雄汉。

前两天还是大家追捧的"神器"，现在却成了烫手山芋。

"越是在艰苦的环境下，越要注意仪表戎装，越要展示我们中国电建人的风采，这发一定要理，而且一定要理好！"江勇一锤定音。

项目营地的人都在为理发想办法，就连老挝小伙阿瓜都没闲着。

初入社会不久的阿瓜，本来是要外出打工的。这里电站开建，阿瓜很幸运，成了项目营地的驾驶员，收入比其他同龄人高了不少，工作环境还好，这让阿瓜心里比蜜还甜。

平日里和中国员工关系处得好，人又活跃，脑瓜也活。这次剃头风波，阿瓜看在眼里急在心里。

阿瓜的舅舅在老家琅勃拉邦省开了家理发店，小时候就经常看舅舅理发，学校放假的时候，也在舅舅的理发店里帮忙。

高中毕业那会儿，如果不到电站工作，他就有可能跟着舅舅学习理发，现在都应该出师了。

阿瓜心里盘算着，中国公司对我们不错，何不回家，跟舅舅突击学一下理发，回来帮帮这些电建人？

于是，阿瓜借口家里有事，跟领导请假一周，返回琅勃拉邦老家拜师学艺。

山高林密，旅途曲折，阿瓜来回坐了近 30 个小时的汽车，占去了两天时间。其余的五天时间，阿瓜就吃住在舅舅店里，一门心思学理发。

当舅舅知道阿瓜是为了给中国电建人理发，心里也很乐意。

中国人千里迢迢，来给我们建电站，有了电，我的生意会好起来，大家的日子也会好起来……

五天后，阿瓜学成归来。

王加杰跟阿瓜年龄相仿，平日里就是好朋友。这天，当小王又开始为自己的头发而苦恼时，阿瓜偷偷地把他拉到了自己的宿舍。小王还没搞清楚是什么事，就被阿瓜按坐在洗漱间的板凳上，一张围布披上，开始"操练"起来。

一套崭新的理发"神器"展开，这是舅舅特意送给阿瓜的。只见阿瓜全神贯注，右手持剪，左手拿梳，先用剪刀修剪，再用电推，左右找平，细部处理，只消十几分钟，小王的一捧"鸡窝"，变成了"板寸金"。

还别说，这头型：方中见圆，圆中有角，过渡自然，极富个性，"邋遢王"变成了帅小伙！

这下子，项目营地里又炸了锅！阿瓜会理发，大家乐开了花！

江勇最高兴，这不仅解决了大家的一个难题，而且还是老挝籍员工自告奋勇，这真是心往一块儿想，劲往一处使，民相亲，心相通呀！

大家都争先恐后地找阿瓜理发，见识他的手艺。阿瓜却在一旁"坐地起价"，提起了条件："我给大家理发全免费，但要答应我办件事！"

大家伙儿齐问："啥事？"

阿瓜张嘴就提："理发时，我动手，你动嘴，教我中文，可以吗？"

大家异口同声道："没问题，成交！"

作者：刘向晨

理发记

量变的日记

在岁月的长河里，很多经历还没来得及细细整理，就变成了故事。把故事说得动听是一件困难的事情，我力图将零星碎片缀连，描绘出明古鲁项目其中一个小节点的完整景象。

2017年2月14日 星期二 晴

进驻现场一个多月了，现场清表工作有条不紊地进行着。根据工作计划，地质勘探后的试桩工作提上了议事日程。今天，和水电八局的现场人员召开试桩工作条件核查会，盘点一下家底儿，压力陡然增加。会上弥漫着紧张焦躁的气氛，面前的困难激起了惯有的斗志，一个个的黑眼睛分明变成了红色。

现场人员：项目公司4人，水电八局6人。

工作目标：3月上旬开始试桩。

工作条件：无桩材、无打桩分包商、无监理工程师、无试桩方案……

工作要求：前后互动、达成条件，缺什么补什么，一切围绕这个阶段目标展开。

2017 年 2 月 18 日 星期六 晴

八局利用几天时间，落实好了打桩分包商，他们今天来现场查看，一边谈合同一边做开工准备。桩材从附近项目协调了一批，桩机已经装车起运，预计 23 日到场。条件从零一点一点准备，空白的核查表上增添了几个"√"。

2017 年 2 月 25 日 星期六 晴

桩机设备已经从棉兰发出来一周了，收到的车队信息时断时续，距离现场忽远忽近。两天前有消息说车队距离明古鲁 100 多公里，今天却说还有 200 公里。400 公里的路途说不上远，即便考虑到印尼特殊的交通条件，也应该到了。根据以往经验判断，一定是某个环节出现了问题：是启运时间延后还是途中遇阻？

派人沿路寻找运输车队是最直接的获取信息的办法了。

沿途多是山路，交通安全成了不得不面对的事情。要不要冒这个风险？心中很是纠结。

2017 年 2 月 28 日 星期二 晴转暴雨

又是三天过去了，车队仍旧没有消息，没时间犹豫了！

先头进驻人员备用金很少，大家凑了凑身上所有能拿出来的钱。反复交代了一些注意事项后，小分队于上午 11 时出发了。

出发后三小时，小分队报告跟车队司机联系上了，运输车队司机说距离明古鲁还有 270 公里，他们将在苏鲁琅温会合，连夜开往明古鲁，预计明日抵达。

之后一直到夜里十点，小分队再也没有运输车队的消息，就像大海里的扁舟，刚看到一个黑点，突然又无声无息地消失了。

2017 年 3 月 2 日 星期四

第三天凌晨一点半，小分队终于在距离明古鲁 230 公里处碰到了车队。为安全起见，小分队决定让司机就地找酒店休息。

刚刚住下，前台打电话让下来一下。员工刚走到前台，就有当地移民局检查护照和签证。原来是移民官员冒充酒店人员打的电话，这个电话也肯定是酒店给他们的。沟通无果，早上五点，员工被强制带到移民局。

后方接到报告立即启动应急预案，让签证中介乘坐第一班飞机从雅加达急赴该市，几经交涉，最终将人员安全带离移民局。返回途中，又遇天降大雨，车辆陷入泥坑，几经尝试都失败了，车辆爆胎、漏油又接踵而至。从电话里听出他们惊恐、疲惫、焦躁的情绪，我们内心也是一阵阵酸楚。

找来的装载机也没能把车辆拖出来。员工们把复杂的情绪都发泄到了陷入泥坑的车辆上，车拉人推，车辆终于喘息着从坑洼里爬出来……

2017 年 3 月 3 日 星期五 暴雨

由于地方势力的利益纠葛，土地回填平整不断被骚扰着，当地报纸也推波助澜地歪曲事实。回填被迫停工，我们被一只看不见的手拨来拨去，让人无所适从。与其放下工作和他们辩白、解释，不如想方设法用顽强的工作作风来证明 POWERCHINA 的精气神。

面对外来回填沙子的中断，我们就在自己场地的灰场区域挖沙回填；《试桩要求》暂时还出不来，我们就打破程序，在保证安全可靠的前提下，根据地质报告和印尼同类项目的经验先试桩。一切都没有先例，我们必须创造出一个先例来。

越是内外交困的时刻，就是事情出现转机的时候，必须稳住阵脚。

2017 年 3 月 5 日 星期天

小分队回来了，他们憔悴的脸上满是凌乱的胡须，深深的疲惫里掩饰不住一道道闪亮激动的眼眸。那眼睛告诉你：任务完成了，车队到了，已经到达明古鲁城郊。但当夜的大雨再一次把"夜里抵达现场"的安排击碎。

回到熟悉的地方，见到熟悉的领导和同事，一身疲惫瞬间消散许多，尴尬的是出门的时候就一身衣服，回到项目部，浑身已酸臭难闻。但此时此刻，路途的各种困顿瞬间都烟消云散了。

2017 年 3 月 6 日 星期一 雨

经过两天两夜的组装，3 月 6 日夜，桩机在蒙蒙细雨中开始转场。车灯和手里的几只手电，在夜空中如一把把利刃，割开浓厚的夜幕，照亮着缓慢移动桩机的路。

2017 年 3 月 7 日 星期二 雨转晴

凌晨四点，桩机到达工作面，开始就位、调试和其他准备工作。

下午两点天终于晴了，人们在日晒汽蒸的现场紧张地忙碌着，条幅已被挂在矗立的桩机上。烟花在午后炫目的阳光下腾起朵朵烟霭，一声重锤"砰"地砸在挺立的桩头上，破空而去，传得很远很远，穿透了时空……

　　除了有节律的锤击声，世界一下子静了下来，一起聆听这工程打击乐。

　　一个量变已经开始了。

作者：刘清瑞

沈力：一个"90后"女孩的海外中国年

　　"妈妈，我想家了。"除夕晚上吃过年夜饭，前一秒还强颜欢笑的沈力，此刻再也难掩想家的思绪，抹着眼泪躲在角落里给家里打电话……

　　这也难怪，1991年出生的沈力，从小到大一直都在父母身边生活、上学，即使在读研究生期间，父母也会隔段时间就到学校看她。在父母的眼里，沈力永远是一个长不大的孩子。

　　然而，沈力毕业后迈入职场的第一站就来到了巴基斯坦卡西姆发电公司，投身于中国电建海外事业，成为中国电建"走出去"的新生力量。

　　其实来巴基斯坦之前，沈力的父母对于她出国工作的决定是坚决反对的。作为家中的独生女，父母打心底不愿意女儿离家太远，只要女儿能在自己身边找个安稳轻松的工作就心满意足了。然而性格外向、争强好胜的沈力不以为然，一心想挣脱父母的怀抱，想到外面的世界多看看，学习锻炼一下。当她收到卡西姆发电公司入职通知的时候，义无反顾地来到了巴基斯坦，开启了电建人的海外之旅。

在卡西姆发电公司商务合同部，沈力负责合同管理和工程结算工作。由于初入职场，没有任何工作经验，加之业务量大，工作繁忙，经常需要加班加点，但沈力咬紧牙关，勇敢面对，主动寻找诀窍，梳理工作难点重点，凭着一股不服输的劲头，三个月后就适应了烦琐复杂的商务合同工作，她的工作能力和工作态度也得到了部门领导和同事的一致认可。在 1 月 19 日召开的发电公司 2016 年总结表彰大会上，商务合同部获得了卡西姆公司 2016 年先进部门荣誉称号，沈力激动地与奖牌合影留念，因为奖牌的获得也有她的一份功劳。

活泼开朗、积极乐观、待人真诚是同事对沈力的评价。在办公室大厅里，每天都能听到她爽朗的笑声，工作的烦恼和生活的琐事似乎与她无关，从未影响她的心情，乐观向上的心态感染着大家。在同事眼里，她就是一个邻家小妹，随时给大家带来惊喜和欢乐。有时，问她想不想家，她说："工作太忙了，每天都有干不完的工作，哪有时间想家啊！"

其实独自一人在国外，远离家人，沈力难免会想家。为此，沈力几乎每天晚上都与妈妈视频，聊聊家常，听听唠叨，汇报一天的有趣事情。每次视频，爸爸只是在一旁时不时地插一句话，询问一下沈力的工作生活近况。沈力知道，爸爸非常关心她，只是作为父亲他把那种关怀埋在心底，不表露出

来罢了。

　　临近过年，因为知道要坚守工作岗位不能回家，沈力早早地在网上给爷爷奶奶、外公外婆和爸爸妈妈都买了礼物并邮寄回家。除夕当天，在视频中看着奶奶穿着自己买的新衣服，沈力心里有说不出的高兴。

　　由于第一次不在家过年，父母总是担心沈力在国外吃不好、吃不习惯，一直想让回国休假的同事从国内捎些吃的给她。沈力对妈妈说，自己来到卡西姆项目以后，体重增长了5斤，请她放一百个心，这才打消了妈妈的顾虑。

　　2017年是卡西姆港电站至关重要的一年。年底1号机组将要投产发电，为了全力保障实现发电目标，这年2000多名中方员工只有少数人回家过年，更多的人坚守岗位。为了营造欢乐和谐温馨的新年气氛，缓解员工的思乡之情，卡西姆发电公司举办了春节联欢晚会和迎新春文体活动，沈力都积极参加。在晚会上她表演了健身操，在跳绳和踢毽子比赛中获得两项第一。在参加活动的过程中，沈力认识了新的同事，加深了沟通和了解，也让自己得到了锻炼和提升。

　　除夕晚上，卡西姆公司全体员工相聚在食堂，大家吃着年夜饭，看着春晚，聊着新年心愿，热热闹闹，欢乐无限，看着这么多兄弟姐妹相聚在一起过年，沈力也暂时忘记了想家的念头。可当吃过年夜饭，春晚落幕，同事渐渐散去，压抑在心头的乡愁再也控制不住，出现了开头的那一幕。

　　2017年丁酉鸡年春节渐行渐远，当热闹和喧嚣散去，回归平静，崭新的一年又将从忙碌中启程。沈力可能还没有完全习惯这种一瞬而逝的过年节奏，但独具特色的巴基斯坦中国年会永远铭刻在她心中，寂静无语的卡西姆港燃煤电站也会牢记这位"90后"女孩的第一个海外中国年。

作者：康从钦

▌时光里的"仙霞岭"

记得那是 2014 年 2 月，宋总驾车带我们去老挝南俄 5 项目公司营地，去那个被称为"仙霞岭"的地方。

清晨我们从万象出发，经过山水万荣，路过画中噶西，一路向北，一路盘旋，一路颠簸。车辆行驶到普坤山脚下，远处的高山云雾缭绕，宛如仙境，在阳光织就的明暗光影中，宁静而神秘。我们来到山顶的小平台短暂休息，一览众山小，如梦如幻。虽然已经不是第一次去"仙霞岭"，但眼前的美景依然让人留恋，普坤山的夕阳美景，以及山林中的新鲜空气让人沉醉，以至让人一时忘了路途的颠簸。因为还要赶路，稍作休顿后我们又继续开拔。

车辆在 58 公里的进场道路上蜿蜒盘旋，车载音响播放着邓丽君深情婉转的歌，恰好与车辆摇晃的节奏和着节拍，更加让人沉醉。路过 2 号、3 号支洞时，宋总和老吴回忆了诸多往事。2012 年 10 月的一天，宋总和老吴在检查中发现 2 号与 3 号支洞之间发生局部坍塌，于是连夜召集人员紧急分析应对。但修复工作面临山高路险、物资运输不易、劳动力紧缺、地质条件复杂等重重困难，最终硬是采用人拉肩扛的方式，将机械设备、材料运入洞内工作面，经过一周不眠不休的作业，终于完成了修复，确保了电站提前一个月发电的目标。

天将黑时，我们顺利到达"仙霞岭"。简单的晚餐过后，一场"仙霞岭论剑"开始了。所谓"论剑"，是指大家一起作诗吟对。宋总出上联："万荣的山，万荣的水，万荣的职工，万般的美。"群武对下联："百色的军，百色的民，百色的部队，百年的魂。"宋总用南俄5员工的姓名作词，郭总对："姹紫嫣红会群英，万田千锅王兴文，千娇百媚聚南俄"……在工作之余，大家品读史书，讨论时事，深处丛林，平凡坚守，心怀天下，不忘家国。

如今，"仙霞岭论剑"的大多数人已经成为其他在建及运营项目的骨干力量。时光里的我们曾在"仙霞岭"相聚又分离，同唱着海纳百川的歌曲，演奏着投创未来的交响。

2015年春节，李明邀夫人一同前往"仙霞岭"过春节。为了让夫人体验一下自己曾在老挝的奋斗生活，更多地了解和理解自己的驻外时光，李明特意让夫人品尝了一次老挝当地的"美食"——臭鱼酱。这种"美食"由鱼肉腐烂发酵而制成，是老挝饮食中让我们最难以接受的"美食"。李明用生蔬菜

133

蘸着臭鱼酱往嘴里塞的时候，连眼睛都没眨一下。还有老挝的油炸昆虫，这些在别人看来难以下咽的食材，李明却吃得津津有味。对习惯了中国饮食的我们来说，要接受这些原始的"美味"，实在是太过困难。来到"仙霞岭"见到这些"美食"，李明夫人异常惊诧，惊叹"仙霞岭"人对这种寂寞环境的适应，惊叹那些无法感同身受的艰苦经历。

李明初来老挝时，曾在老挝原始森林里进行前期的勘探工作，那时人烟荒芜，食物短缺，有时还会遇见毒蛇猛兽。正是这些艰苦的经历，练就了一位"特种兵战士"，一位传奇的"老挝通"。正如他说，所有的传奇和伟大，如同中药和老火汤，都是一个时辰一个时辰熬出来的。

自电站进入运行期后，"仙霞岭"常年有40余名中国员工值守，平时过着几乎与世隔绝的日子。老王算是目前"仙霞岭"最老的"大仙"。还记得那年雨季，道路因滑坡而中断，采购物资的车辆无法通行，食堂几乎弹尽粮绝，仅剩些冷冻的肉食。为保证大家能吃到蔬菜，厨师利用仅有的小葱，为我们烹制了朋友圈里获赞无数的"葱花汤"，主要用料为开水、盐、鸡精和葱花。

为了避免"葱花汤"事件再次上演，老王开垦了"仙霞岭"第一片菜地。撒上小白菜、玉米、萝卜、豌豆等菜种，通过老王的照料，松土、施肥、浇水，菜地很快就迎来了丰收。菜地获得成功后，老王又在"仙霞岭"圈了一

块场地用来养鸡、鹅、鸽子，组织老挝农民养猪、养羊，并特地从万象弄来一对兔子，一公一母。但半年过去了，未见兔子夫妇诞下"一儿半女"，后来一打听才知道这些兔子都是用来做宠物的，都打过绝育针，自然下不出小兔崽。消息传到"仙霞岭"，老王哈哈大笑，当天就选了一只肥大的兔子送进了食堂。

铁打的营盘流水的兵。时光流转，陪伴大家的没有花前月下，只有那山、那河，还有那时光里的"仙霞岭"。

由于在外常驻，"仙霞岭"的人们总是与家人聚少离多，无法照顾家人，甚至有时候连妻子生产、父母生病都没有办法尽到应尽的义务。但在这异国的深山里，有理想志趣的交织，有亲情爱情的融合，有人生独特的际遇与考验……在老挝大地，他们留下了最美好的青春，用踏踏实实的工作，给老挝人们带去光明和温暖。"一带一路"是连接中老两国友谊的桥梁，他们则是桥梁下默默奉献的基石，承受风雨，令人尊敬。

作者：李　媚

时光里的「仙霞岭」

守护　守夜　守望

2018 年 2 月 15 日，是农历腊月三十除夕夜。

万里以外的柬埔寨甘再水电站，项目营地里张灯结彩，过年的氛围已到了最浓烈的时候。

这群坚守在异国他乡的电建海投人依旧忙碌着，他们的勤劳、拼搏和奉献赢得了当地政府和人民的钦佩、赞誉。

春节和你在一起

项目公司经理王铁峰也是甘再项目公司坚守岗位的一员。

"春节期间，甘再水电站大坝冲坑处理、技改、机组 A 修等工作都在进行中，作为项目负责人，肯定要留在这里跟大家一起。责任在肩、守土有责，在工地上过年心里踏实。"王铁峰说。

两年多来，王铁峰走遍了这里的山山水水，甘再不仅仅是工作岗位，更是他的第二故乡。

在除夕聚餐上，王铁峰宣读了电建海投公司发来的慰问信，给手下这帮辛苦了一年的弟兄们敬酒，大家融入欢乐的过年气氛中。但很少人发现，王铁峰却并没有喝酒。

这边，越野车的后备箱里已准备好了水果、礼盒，王铁峰还要驱车分别赶往春节期间正在运行的 PH1、PH2、PH3 电站，检查机组运行情况，给一线值班的同事送去新春的慰问与祝福……

站好除夕这班岗

运行主管张严是甘再水电站上的"老人"，自电站投产发电就在项目上了，至今已有 8 个年头。这期间，他见证了电站从无到有、生产蒸蒸日上的过程，言谈话语中，时时能感受他发自内心的自豪。

今天是除夕夜，正赶上他值夜班。没能赶上项目营地的除夕聚餐，下午 4 点就准时上岗了。巡检、排查、记录，一丝不苟、分毫不差。

"甘再水电站目前为首都金边和贡布省供电，现在柬埔寨的华人华侨很多，春节也已变成柬埔寨非常重要的节日，我们必须确保安全运行、万无一失。"

啪！值班室的大门打开了。哦，原来是王铁峰经理带着礼物来陪大家过年了……

心底牵挂最是家

老家云南建水的白准英，是项目公司离家最近的中方员工。但作为综合主管的她，刚到甘再工作一年多，为了让同事们过上欢乐祥和的春节，她选择留在了项目公司里过年。

除夕这天，白准英最费心思。一早就把营地、办公室、寝室门口都挂上了火红的灯笼，贴上了大红的福字和对联，下午组织游园活动，晚上的菜单，荤素搭配，南北口味，满足来自五湖四海电建人的口味。

"吃饱了，不想家！"白准英笑呵呵地说。

可又怎能不想呢？尤其是到了除夕夜，母亲做的年糕腊肉，父亲做的酥肉，小侄子又长高了不少，一家人围坐在一起，唯独缺少了自己……

"虽然不能回家过春节略有遗憾，但在海外过春节也是一种经历，为'一带一路'建设添砖加瓦更是一种光荣。"白准英说。

艰辛、孤寂、欣慰和自豪，这或许是每名海外电建人都会经历的心路历程。

他们是中国电建"走出去"的中坚力量，用自己的汗水和信念书写精彩人生，用他们的坚守诠释责任与担当，见证着中国电建新变化，期待着更加美好的新一年。

作者：刘向晨

午夜，为大坝"把脉"

每年 9 月，是柬埔寨雨季的主汛期。连绵不断的降雨，让甘再河水汹涌澎湃，甘再水电站进入了一年中最饱和也是最关键的发电期。

50 岁的胡承宗悬着的心一刻也不曾放下。这位工作了 20 多年的"老水电"，2015 年 9 月调到甘再水电站工作，担任安全监测班的负责人。从此，他和 4 名中方员工、5 名柬方员工一道与这座巍峨的大坝牢牢地拴在了一起。

甘再河发源于柬埔寨西南部贡布省境内的大象山区。5 年前，中国电建在甘再河上投资建成了首个海外 BOT 水电站，肩负着为首都金边以及贡布省、茶胶省供电的重任，还兼有防洪、灌溉、供水、旅游、平衡下游生态流量等多项功能，被洪森首相誉为柬埔寨的"三峡工程"。

"如果把这座'三峡工程'比作一个人，那么大坝便是人的'躯干'，库容是'血液'，引水隧洞是'血管'，厂房是'心脏'，变电站与输电线路则是伸出的'四肢'。"胡承宗这样形容他眼里的甘再水电站。

安全监测班便是为"他"专设的"体检科室"，胡承宗则是这一科室的"主治大夫"。

大雨已下了整整一天，库区的水位持续上升，直到傍晚黑色的云彩才透出一丝光亮，雨势有所减缓。根据监测水情系统洪水预报消息，未来 24 小时贡布省还将持续降雨。

晚上 9 点，胡承宗组织班组成员穿好雨衣，背上巡检设备向大坝进发，这是汛期里大雨过后必须要进行的巡检工作。

6 个人被分成两组，一组由胡承宗带队巡检大坝下游坝面及河道两侧边坡，一组由副组长马康带队巡检大坝坝顶及左右岸坝肩。

雨水伴着汗水顺着脸颊流淌，雷闪裹挟着灯光照亮夜空。班组成员手持电筒，背着仪器在边坡上攀爬，眼睛时刻不停地观望，每一层台阶、每一条马道、每一个角落，巡视着有无新增渗水点、裂缝、落石，并对监测点一一进行监测。

从坝底到坝顶，从大坝延伸至下游交通桥，爬高涉低，校核记录，方圆五公里，整个巡检过程需要两个半小时。

"大坝监测是考验眼力、脑力和体力的活，更要考验一个人的责任心。干得时间越长，就越觉得监测的重要性，会越胆小，越不敢马虎。" 2016 年才

入职的张茜钧，经过一年多的风吹日晒，看起来比同龄人成熟许多。

甘再水电站，两坝三站，八台机组，四种机型，地形复杂，沟壑纵横。上至大坝坝顶，下至引水隧洞、施工支洞，远至距坝区数公里外的山头，深至发电机组底部，安全监测班每个月都要对水电站定时间、定人员、定仪器、定频次进行全面监测。

"现在是主汛期，我们将监测频次又增加了两倍。按照目前的监测计划，人均每天徒步巡检5公里以上，监测500多个点位的数据。"胡承宗介绍说。

2年多来，安全监测班已徒步完成巡检4000余公里，这相当于从北京到金边的距离，每个角落、每处设备、每项数据，大家都了然于心。

合理分组、复合使用、打时间差，在班组人员没增加的情况下，安全监测班"白加黑""5+2"的工作状态已成常态。

"如果是孩子生病发烧，谁还顾得上是白天黑夜，还不抱起孩子就去医院？咱们给大坝做监测也得用上这份心思。毕竟，我们的工作关系到大坝的安全，涉及上百万人口的用水用电，以及下游几十万人民的生命财产安全。"副组长马康说。

这些冒着大雨，顶着烈日监测得到的数据，会第一时间录入"大坝安全监测系统"，经过复杂的运算，及时输出监测结果，为对大坝"会诊"提供第一手信息。

大坝监测行里有句话：监测只是手段，会诊才是关键。"监测资料分析不能简单地罗列数据，我们会通过日常监控发现的隐患，结合甘再的水文地质条件、环境量和结构特性，对大坝运行安全性态进行科学分析。"胡承宗说。

巡视检查维护记录以及周报、月报、专题报告，这些由监测班编制整理的各种报告，会第一时间传递给水电站的运行部门，摆上甘再项目公司的水工监测分析会议上。

"所以，监测班拿出的每一份报告，都要做到科学计算和正确分析，只有这样，我们才可以随时掌握电站运行状态，及时发现异常现象，为上级决策提供依据。"甘再项目公司生产技术部副主任杨才说。

午夜，为大坝「把脉」

这种工作强度和压力，曾经让监测班里的 5 名柬方员工很不适应。

黄秀粒是班组里的翻译，同样经历了从抵触到认同，从不理解到加油干的过程。

"中国师傅勤奋、刻苦，我从他们身上学到了很多东西。再过一个月我就可以拿到'监测'资格证书，这样我就可以成为一名真正的大坝监测员，收入方面就能涨上一大截。"

作为班组里的老人，已是技术骨干的 Vanny 则更有感触。"甘再河是我们贡布省人的母亲河，甘再水电站让我们这里发生了翻天覆地的变化，能在甘再水电站工作，为确保电站安全运行做贡献，这是我们无上的荣光和骄傲。"

在甘再项目公司和黄秀粒、Vanny 一样的柬方员工有 100 多名，已占到员工总数的 70%。他们和远离祖国的中国电建人一起，为水电站的安全稳定运行而努力工作、默默坚守，谱写着中柬两国人民的传统友谊，践行着"一带一路"倡议的美好前景。

已近午夜 12 点，所有的巡检监测项目完成，雨也不知道什么时候已经停了。终于收工，大家伙瞬间蔫了下来，在开往项目营地的皮卡车里酣然入睡……

皮卡车旁，皎洁的月光下，甘再河奔腾流淌着，这是一条奋斗的河、友谊的河、幸福的河……

作者：刘向晨

小城印象

这是我和一个非洲小城科卢韦齐的故事。

科卢韦齐是刚果（金）卢阿拉巴省的省会，因工作原因我时常需要往返于华刚公司和科卢韦齐之间，一来二去，便对这个地处非洲中部腹地、名不见经传的小城有了深刻印象。

科卢韦齐属于热带草原性气候，全年气温舒适，没有四季更迭，只有雨季和旱季之分，城市虽小，但别有一番异国风情。

国内的城市多是宽阔笔直的马路，大楼耸立在道路两旁，千篇一律的市容市貌有时会让人审美疲劳，这些钢筋混凝土的森林，经过岁月冲刷，能留在脑海中的只有星星点点的记忆。

科卢韦齐绝对是个例外，这里没有繁华和喧嚣，与国内城市的高端大气相比，俨然是一个衣衫褴褛的拾荒者。

这里有很多建筑修建于比利时殖民时期，典型的欧式风格，造型别具特色，每一栋都像是一个标致的艺术品，可圈可点。

因为人们生活的需要和城市管理的"随意"，私搭乱建现象在这里屡见不鲜，铁皮房遍地开花，有时夹在两房中间，有时寄"房"篱下，总是能恰到好处地占据有利位置，最大限度节约建材。由于缺乏科学规划，科卢韦齐的道路像是村头的阡陌小巷，蜘蛛网一般凌乱地纵横交错。走在这个城市的街头，感觉就像是玩迷宫游戏，也许拐了几个弯后，又会回到原点。即使是方向感好的朋友，也经常一头雾水迷失在街头。

科卢韦齐的很多商铺门店出于成本考虑都没有安装彩绘广告牌和霓虹灯，取而代之的是手绘的墙画：水果店会画一个盛满水果的竹筐，酒吧会画一个盛满红酒的高脚杯……走在街头会给人一种时光穿越的错觉。

当地人民心灵手巧，手绘墙画形象逼真，星罗棋布地点缀在小城之中。在不知名的街角，偶尔也能碰到几幅出自文艺青年的"涂鸦"，清新脱俗，在闹市中散发着一缕静谧和典雅，惹人注目。

科卢韦齐的商铺都比较小巧精致，即使是市内最大的 Jambo 超市，与国内超市相比也是相去甚远，但在条件落后的小城，如此规模的商店只此一家，

相比铁皮房的小卖部和头顶商品的流动商贩，确实可以底气十足的一家独大。

科卢韦齐的城市面积很小，出了城便是一眼望不到尽头的热带草原，灌木丛和树木郁郁葱葱，错落有致地分布着。

这里没有拥堵喧嚣，花草树木覆盖着这里的每一寸土地，绿色的植被就像一幅流畅洒脱的画卷平铺开来。人们可以在湛蓝的天空下行走奔跑，倾听大自然的歌声。

现代社会中，不少人在为了生活而四处奔波，都像是在参加一场马拉松似的长途跋涉，风一样不知疲倦地肆意游走，鲜有机会能像当地人一样三五成群地聚在茅草屋下，坐看云卷云舒。

也许我们也应该放慢生活和工作的节奏，更多地与大自然亲近。

借着"一带一路"建设的东风，我与南纬10°的非洲科卢韦齐结缘。抬

头仰望，蓝天晶莹剔透，白云胜似美玉。生活在这片土地上，呼吸着这里的空气，才觉得活在这里的真实。

用心生活，努力工作，在海外项目上用发现美的眼睛去充实自我，这样才能不负韶华，风雨兼程，走向更高更远的前方。

作者：肖树阳

▌小年夜的坚守

　　小年夜，宿舍区传来国内电视台小年夜春晚的欢笑声，偌大的老挝南欧江流域二级电站营地办公楼里，只有一间特殊的办公室亮着灯光。

　　这就是南欧江梯级调度中心办公室。

　　此刻，水情信息系统已经刷出最新数据，各梯级电站中控室也已将基本运行参数发送过来，这将是当天最后一次向老挝电网国调中心报送数据了。

　　年轻的值班员小莫娴熟地计算着实时水情及电量信息，一旁的莽哥在给她校核数据。小莫和莽哥是梯调的老员工了，算起来，他们也有两年没有回家过年了，此刻仍然坚守在调度一线的他们，思乡之情不言而喻。尽管现在是枯期，各级水库来水量变化不大，但大家还是认真计算校核，丝毫不敢马虎。"随测算、随校核、随发送、随分析、随整理"的工作理念，每个调度人都早已烂熟于心。

　　报表刚发出去一会儿，老挝国家调度中心的电话就打过来了。当地翻译文文立马接起电话，仔细倾听调度命令，并用流利的中文翻译给大家听"现在是负荷低谷，国调中心要求降负荷 10 兆瓦"。随即莽哥作出指示："小莫，给五级电站下调令……"

　　大家正沉浸在紧张的工作中，没有人注意到梯调中心的张主任走了进来。原来，同样不能回家过年的张主任此时也在加班做梯调中心的工作计划。部门刚刚获得了流域公司颁发的"2016年度先进单位"荣誉称号，这份殊荣对梯调负责人张主任，对每一个调度人而言，既是肯定也是鞭策。为了梯调中心新一年的工作能够顺利开展，张主任也只好舍小家顾大家了。

　　"同志们，小年夜过去，马上就到大年夜了，大家新年都有什么愿望呀？"张主任笑着问大家。莽哥幽幽地扬起头："'脱单'大计得加紧了啊！"逗得整个办公室的人哈哈大笑。一旁整理文件的丹姐加了一句："我们这些未婚少男少女过年还给不给发压岁钱呀？"此话一出，大家又开始"笑话"丹姐是长不大的小姑娘。

　　原本只有键盘声的办公室里突然热闹了起来，这个稍显清冷的小年夜瞬间有了温度。朝夕相处的工作与生活，早已把梯调这个小集体慢慢地凝聚成了一个温暖的小家庭，大家互相陪伴鼓励，排解思乡之情。

　　春节马上就要到来了，本该是阖家团圆吃年夜饭的日子。但是远在老挝

的南欧江调度人，还是克服了不能与亲人团聚、不能休假的种种困难，严格执行轮班制度，坚守岗位。因为调度人深知，调度人员是南欧江各梯级电站的守护者。无论是保证项目一期的发电量，还是护航项目二期的施工安全，都与梯调中心科学合理的调度工作息息相关。梯调人全年365天在岗，有时候连睡觉都要搂着电话，调度信息不能遗漏，"大坝安全第一、电调服从水调"是调度人的工作原则。为了原则就得"坚守"，这份坚守是职责，不容辜负。

时间过得真快啊！在顺利完成了枯期机组投产调度、汛期洪水调度和汛末蓄水任务，完成了流域梯级水电站的首次防洪度汛工作，并获得了流域公司"先进单位"荣誉称号之后，2016年的岁月之河，承载着南欧江调度人的辛劳与忙碌，收获和成长，与大地作别，流入历史的幔帐，留下"辞旧迎新更上层楼"的调度人，开启2017年的大河奔流。

作者：龚　婷

小年夜的坚守

巡检卡西姆电站

夜幕降临，窗外的阵阵海风不经意间将我的思绪撩起，让我陷入了难忘而美丽的回忆：中国电建巴基斯坦卡西姆港燃煤电站关键节点检查的场景，一幕幕浮现于眼前……

电建海投公司副总经理张奋来带领火电技术委员会一行四人走遍了卡西姆电站现场的每一个角落，从地下输煤廊道到锅炉炉顶，从港口卸煤码头到500KV 送出线路，从锅炉内炉膛到管道保温……到处都留下了公司检查组成员的足迹。随着卡西姆电站每一个关键节点的顺利提前实现，火电技术委员会每位成员的专业素养和奉献激情越燃越旺，信心越来越足。

作为公司火电专业与前沿项目联系的一双"眼睛"，火电技术管理工作无论做什么事，总期望为企业的发展壮大尽力所为。凭借踏踏实实的工作作风和务实敬业的精神，火电技术委员会在历次关键节点检查中发现了多项设计缺陷和施工隐患，经与卡西姆公司一同深挖细究，提出了科学合理的解决方案，避免了机组启动和投产后的重大运行风险，获得了卡西姆发电公司的普遍认同和好评。

"直流锅炉启动中低流量保护切除后，是否影响机组启动寿命？如果不切除如何安全启动？"

2017年12月23日凌晨三点，整个世界早已酣然入睡，但卡西姆施工现场的临时办公室内依然灯火通明，张奋来还在与火电技术委员会成员、卡西姆发电公司、甘肃能源公司卡西姆代表处的专业人员热烈地讨论着。

围绕一个个技术问题，大家各抒己见，没有一丝疲倦感，为的就是能在第二天上午的会议中，就这一问题与山东电建三公司调试组做好技术交底。张奋来一连三天电话联系国内主机厂商，就有关调试工作进行沟通；火电技术委员会成员也纷纷忙碌起来，有的联系国内已投产机组就这一问题寻求解决方案，有的在网上查找相关资料。收集来的资料和形成的意见在张奋来的办公桌上堆积了厚厚的一沓，每一份资料上都有张奋来勾画的痕迹，有计算、有分析、有建议、有要求。

经过大家连续一周的奋战，终于得出了卡西姆发电公司机组启动时低流量保护定值和安全措施（方案）。在与承包商的沟通会议上，以有力的调试数据和成功实例说服了工程施工调试组，修改了低流量保护定值，提升了设备安全性、稳定性。

"李工，怎么成'熊猫'了？"张奋来望着我笑着说："你们看他的眼睛和鼻子全是黑的。"大家彼此看了看对方，都哈哈大笑了："我们四人都成'熊猫'了！"

这是 2018 年 1 月 28 日，发生在卡西姆电站 8 号输煤皮带运转层的一幕。由于输煤系统的设计没有按照燃用印尼低热值高挥发份煤种考虑，现场运行设备、环境需进一步改善。这也是摆在卡西姆发电公司面前的一大难题。张奋来与大家一起参加设备治理方案的修改和讨论。其间，大家长期扑在现场，深入检查各环节、各部位，弄得眼睛、鼻子到处都是黑黑的煤灰。但通过大家不断地现场整改，这一问题得到了妥善处理，彻底消除了安全隐患。

现在，卡西姆电站已经进入商业运行，源源不断地把清洁能源送到巴基斯坦的千家万户，为巴基斯坦经济社会发展注入持久的动能。我们火电技术委员会见证了卡西姆电站的建设和发展，为它的成功投产做出了应有的贡献，我们为此感到骄傲和自豪！

夜深了，这思绪如此美丽，犹如卡西姆港的海涛声，若远若近、若轻若重。

作者：李国锋

▎一次紧张的水管抢修

2017 年 9 月 13 日，老挝甘蒙省塔克市，中国电建控股的老挝水泥工业有限公司（以下简称"水泥公司"）厂房。

上午 9:00

一声巨响，水泥磨坊西侧一处深埋地下的生活和消防水主管道因年久老化突然爆裂。

漏水如喷泉般喷出，管网压力迅速下降，生活水泵被迫停运，生活和消防用水处于瘫痪状态。更严重的是，爆裂导致用于供给生产线设备冷却水的循环水池无法补水，水位以 0.3 米 / 小时的速度持续下降。

循环水池平时正常水位在 3.2 米左右，下极限水位 1.2 米，若不及时采取应对措施，循环水供给将只能维持 6 个小时。一旦低于下极限水位，循环水泵将无法工作，水泥磨、空压机站、包装车间都将被迫停机。

此时中老铁路工程急需水泥，厂外的运输车辆正排成长队急等发货，如若停止发货，势必造成严重影响。

水泥公司抢修团队迅速开启险情处理工作。他们清查了库存，发现库存不多，因此水泥磨不能停，水管抢修迫在眉睫！

险情就是命令，刻不容缓！

生产技术部部长边志新迅即召集各相关部门负责人到现场紧急商讨应对方案，同时迅速启动应急预案。动力车间和制成车间人员立即进行开挖、抽排水等抢修前的准备工作。

上午 10:30

该爆裂水管深埋地下近两米，处于管道的最低点，其他地方也没有排水口，管道内的大量余水都从故障处不断涌出，三台潜水泵抽排了一个多小时，检修坑内仍积满了水，无法进行下一步的焊补工作，何时能抽完积水也是未知数。

循环水池水位不断下降，时间不等人！

动力车间主任陈晓云建议在深井泵至生活水池的进水管道处增加一个分支管道，直通循环水池并用阀门控制，这样即使生活水泵关闭也不影响循环

水池进水，可一劳永逸避免类似情况再次发生。

事不宜迟，边部长立即安排机修车间和原料车间负责这项改造的具体实施，但此改造工时预计也要六小时左右，能否在下极限水位前处理好仍是未知数。

动力车间人员集思广益，立即找来两台潜水泵从生活水池往循环水池内补水，循环水池水位下降速度明显减缓，为抢修又争取了宝贵时间。

大家团结协作与时间赛跑，各司其职，开始演绎紧张有序的抢修交响曲。

在管漏现场，制成车间主任鲁中华带队马不停蹄地进行抽排水作业。"拼命三郎"余林波根据探摸出的管损情况迅即准备相关修补材料。

在循环水池现场，原料车间主任王刚带队抬来改造用的水管，切割、下料、拼装。机修车间"焊接高手"曾绍清负责关键部位的焊接。动力车间人员一直紧盯水位，密切关注潜水泵补水状况。行政后勤部将储备了应急用水的洒水车开到食堂门口，为食堂提供水源，并方便职工饭前洗漱。

下午 3:00

管漏检修坑内积水终于抽完，但管道内仍有余水，底部无法焊接。

余林波急中生智，将破裂处上半部割开成槽型，两端用泥巴封堵住余水，先焊好了底部。但上部焊接却成了一大难点，裂缝处因水压较大电焊条无法施焊，只得先用尖木棍一点点堵漏后再小心翼翼焊接……因生产用水量较大，潜水泵流量难以满足补水。

下午 4:00

循环水池水位仅剩 1.40 米，最多还能坚持三个多小时生产用水，进水管道改造焊接量太大，虽两台焊机同时工作也需要不少时间。

此时偏偏天公不作美，下起了暴雨，出于人身安全考虑只好暂停工作。趁着雨小的时候，大家又纷纷行动起来，额头上淌着的，已经分不清是雨水还是汗水。

海
投
故
事

「一带一路」上的电建风采

下午 5:50

水位仅剩 1.30 米，管道改造终于完工。动力车间人员立即将其切换至应急补水模式，循环水池水位开始直线上升，水泥磨和包装车间生产将不受影响，大家悬着的心终于落下了。

但此时生活水管道还没处理好，中老职工宿舍仍处于停水状态，给职工生活带来严重影响，"拼命三郎"余林波顾不上吃晚饭，继续在狭小的检修坑内挥汗焊接，直至所有漏点全部补焊完成。

晚上 9:15

生活水泵重新开启，补焊处丝毫无泄漏，一切正常！生活水恢复正常供给，循环水也转入正常工作模式，连续奋战了十多个小时的工作人员一片欢呼，成功后的喜悦写在大家还没来得及擦去汗渍和污渍的脸上。

作者：陈晓云

引水隧洞 "探险记"

甘再水电站位于柬埔寨西南部距贡布省省会 10 公里的甘再河干流上，是中国电建集团海外第一个颁布并运行企业标准的项目。

自 2012 年进入商业运营以来，电站运行正常，但未进行过隧洞放空检查。若隧洞存有隐患，将会对电站安全生产造成严重威胁。为将风险防患于未然，2016 年趁 PH1 站蝶阀检修时机，甘再项目公司决定对引水隧洞进行放空检查。

经过一系列的研究讨论、物资准备等工作，2016 年 12 月 15 日，由项目公司副总经理郑勇带队，董世辉、杨才、罗怀荣、高东升等组成的进洞检查分队计划从坝顶通气孔进入隧洞内部，对隧洞来一次深入全面的 "体检"。

上午 8 点，大家带上应急物资、安全绳等来到坝顶做好准备，"探险" 小分队穿上防水衣、防滑雨靴，戴上安全帽，系上安全绳，拿上手提照明灯、对讲机和防毒面具，一切准备就绪。按计划，8 点 30 分 "探险" 队员开始陆续从隧洞 35 米深的通气孔进入隧洞体内。

为确保检查人员安全，监测部小高携带气体检测报警仪第一个入洞。只见他被卷扬机缓缓吊起，顺着气孔匀速往下降，不到 2 分钟，便消失在漆黑的通气孔中，交流便只能靠吼了。过了 5 分钟左右听见小高报平安："我安全到达隧洞底部！里边很黑、很湿滑，氧含量正常，大家可以下来了。"

随即，剩余人员陆续入洞，待所有检查队员进到洞底，确认身体无异感后，便按前期分工开始检查。大家按方案和分工，马上进入角色，为确保联络通畅，从进洞口开始每 50 米左右设置传话员 1 名，负责通信的同时，还负责查看附近的隧洞状况。离洞口最远的是董老哥和郑勇，他们一直从进洞口沿 PH1 站方向，对照方案对洞壁进行隐患排查。

我们作为后勤组在洞顶随时待命，每次听见离进洞口最近的通信员说"下面一切都好"，心里就多了些安心。但紧张的情绪一点儿也没少，下到 5 年多从未有人进去过的隧洞里，意外和风险随时可能出现，隧洞本就阴暗潮湿，容易滑倒，同时隧洞未放空检查过，说不定还会有局部的坍塌，且此时已是隧洞放空的第二天，隧洞地处深林地带，蛇类繁多，也有可能出现被蛇咬伤的意外，虽然前期就预判到这些风险并有相应的预案，但有太多的不可知、太多的可变因素，还是让人忧心忡忡。

就在大家踱步等待时，听见洞口联络员喊："洞内对讲机失去信号，郑总和董主任尚无消息！"

这当头一棒，紧张情绪直线上升！但是能做什么呢？我只有再次确认自己负责的应急车辆、急救箱等物资一切就绪，再叮嘱司机务必坐在驾驶座上随时待命。

"他们9点就全部抵达洞底，现在10点30分，已过去一个半小时，按理他们应该是在PH1进水口附近勘查。再等半小时，应该就能通过人声联络上。"总经理王铁峰的沉着推算，才让心乱如麻的我们稍微平静。

上午11点，果然不出王总所料，终于听见洞底喊：董老哥和郑总没有问题，他们已经往回走了！

"好，一切准备就绪，迎接兄弟归队！"大家再次对提升装备、物资等进行检查。

11点30分，终于听见郑勇的声音：完成隧洞检查任务，可以往下放安全绳！

11点40分，小高第一个出来；12点30分，最后一名队员董老哥笑着出现在大家的面前时，大家悬着的心终于落下。甘再全体队员一个都没少，圆满、顺利！

顿时，十几人的欢呼声、掌声响彻甘再河畔，响彻大象山脉……

激动片刻，郑勇代表检查队作简单的汇报："经查看，未发现隧洞存有重大隐患，下午我们会将观察到的信息汇总后进行深入研讨！"

确认隧洞无大问题，大家这才放心返回营地午餐，并开始相互调侃和分享："哎呀，我看小罗下隧洞那会儿，吓得话都不敢讲了。""是啊，绳子猛摇那下，真把我吓坏了，万一绳子脱落，我可还没留后呢！"

"哈哈哈哈……"

作者：白准英

大千世界，因物种的千姿百态而更显精彩。中外文化，因相互交融而更显魅力。
电建人以项目为载体，不断拉紧中外文化交流的纽带。
在印尼，印尼员工的三个诉求折射出电建人文化融合的智慧；
在柬埔寨，"中国春节"成了项目"中文沙龙"上的热频词；
在尼泊尔，50多岁的达哈尔深情写下：我是尼泊尔人，我有一颗中国心……
行走在"一带一路"的广阔天地里，电建人收获着项目，也收获着友谊。

融合

RONGHE

"Hello，Sir，I need to... I want to...I can' t..."

——由印尼员工的三个诉求谈文化融合

印尼明古鲁燃煤电站项目地处印度尼西亚苏门答腊岛南部，是电建海投公司在印尼市场的第一个投资项目，项目的成功落地意义重大。

然而，中国企业"走出去"也面临种种困境，文化融合便是其中之一。印尼，一个拥有超过 17000 多个岛屿的东南亚国家，89% 的民众信仰伊斯兰教，礼仪文化、饮食文化、宗教文化等与中国有着明显差异。项目 3 年的建设期以及后期长达 25 年的运营期不得不面对双方的文化碰撞和融合。

如何面对文化碰撞，推动文化融合？如何让文化融合在项目建设中发挥积极作用？答案一定是"开放包容"四个字。

具体情况具体分析

"Hello，Sir，I need to pray！"相信这是每个在印尼工作过的外国人再熟悉不过的声音。祈祷，是他们生活的组成部分。如果不能以一种开放包容的心态去对待他们的文化，那就很难有文化融合，更谈不上组建一个团队一起工作。

穆斯林信徒一天要做五次礼拜，但项目的建设也是一天不能耽误，所以如何既能保障正常工作，又能尊重他们的文化信仰，成了项目公司管理团队进入印尼后面临的第一个小问题。经过一段时间的磨合，大家探索出了行之有效的办法——"具体情况具体分析"。对于他们重大的宗教节日或规定时间内的礼拜文化给予充分尊重，比如每周五聚礼日（又称"主麻"）中午的礼拜，给予充分尊重，必要时甚至给他们开绿灯，提前下班以满足做礼拜的时间需求。而对于没有严格时间要求的祈祷，如遇工作繁重或是紧急情况，与其沟通协议，在处理好手头工作之后再做祈祷。"具体情况具体分析"的做法不仅充分尊重了他们的宗教文化，同时也维护了正常的企业管理秩序。

定规矩，明要求

"Sorry, Sir, I can't go to the office today, because I have a headache." "Sorry, Sir, I want to ask for leave because my cousin is getting married today." ……请假的理由千万种，却没法拒绝，因为这几乎是一种工作中的常态，是他们自由主义价值观的体现。

显然，在他们提出类似的请求后，简单的"Yes"或"No"同样不可取。项目公司管理人员在充分了解当地劳动法规后，与当地人事经理进行了深入沟通并达成一致应对意见："定规矩，明要求"。在协商后制定了双方均能理解和认可的当地员工考勤与休假管理办法，对事假、病假等提出明确要求和规定，并以定量的方式规定事假每月不超过几次，否则视为缺勤，将扣减当月工资。此外，在必要时让当地人事经理核实请假理由，从而将那些无厘头的请假理由拒之门外，维护了考勤与休假管理制度的严肃性。

「Hello, Sir, I need to… I want to… I can't…」

无形影响＋有形制约

"Where is your shoes?" "Why don't you wear your shoes?" 这个很可能是每个初到印尼的外国人都想问的一个问题。我们经常会发现，在办公室里总有些当地员工明明是穿着鞋上班的，不一会儿就成赤脚了。其实也不足为奇，因为很多当地人都喜欢打赤脚，也喜欢席地而坐。这是他们的生活习惯，我们应该给予尊重，就像他们尊重我们的饮食习惯一样。但也不能完全放任，企业应该维护应有的形象。

针对这个问题，经项目公司管理人员商讨，最终采取了"无形影响＋有形制约"的改进措施。首先，"正人先正己"，明确要求中方员工不得穿短裤和拖鞋上班，以形成一种示范效应。其次，为员工配发工装，毕竟工装配拖鞋无论从哪个角度来看，总是不协调的。通过无形的影响和有形的制约，有

效杜绝了上班打赤脚的习惯，展现了良好的员工形象和企业文化。

开放包容是相互的，也必须是基于双方的交流、沟通与认可。我们以开放包容的心态理解它、接受它、尊重它，他们也会以同样开放包容的心态对待我们的生活习惯、风俗文化和饮食习惯。这种相互间的开放和包容有力地促进了境外企业的发展。

作者：魏文刚

「Hello, Sir, I need to… I want to… I can't…」

中文沙龙话"春节"

2018 年 2 月 21 日，戊戌狗年农历正月初六，在柬埔寨金边甘再项目公司的活动室里，李淑银、钱喜华、舒婉婷等属地员工正拱手作揖，互道新春祝福："春节快乐，万事如意""恭喜发财""狗年行大运"……

看他们标准的新春道贺模样，地道的祝福语，如果不留心他们那颇有柬埔寨人特色的双眼皮、深邃眼睛和棕色皮肤，估计很少人能看得出他们是柬埔寨人。

互道新春祝福是甘再项目公司"话说中国春节"主题中文沙龙活动的一环。中文沙龙是甘再项目公司工会开展的属地员工常态化工会服务活动，属地员工定期相聚，用中文聊世界天文地理和风土人情，提高属地员工中文运用能力。

随着中柬关系的日益紧密，过春节也成为柬埔寨人新的时尚和节日，这天的"话说中国春节"中文沙龙活动中，柬埔寨员工也热烈地讨论起了"中国春节"。

听李淑银说，柬埔寨华裔的春节

李淑银，甘再项目公司的财务助理，柬埔寨第三代华裔，她的爷爷奶奶、外公外婆都是中国潮州人。在中文沙龙上，她第一个开口：

"大年三十那天我们都回到老家和父母一起过的春节，爸妈在门口挂了灯笼，我把公司给的'福'字贴在了大门上，还贴了对联。晚上我们一家做了很多好吃的饭菜，还买了烤乳猪，吃得很丰盛！大年初一，我们给小孩穿了新衣服，爸妈一早就给我家小孩和侄女侄儿包了红包。"

说完，她还给我们分享了他们家大年三十的年夜饭，有鸡、鸭、鱼、肉，有花生、坚果、水果……十分丰盛！她接着说："因为我们家老一辈都是从中国过来的，所以我们家每年都要过春节，这样老人和小孩都开心。"

到第三代华裔，春节过得还如此正宗！看来，中国人的传统永远记在每一位华人心中，且在异国他乡也代代相传，生生不息。

听钱喜华说，春节在柬埔寨的流行过程

钱喜华，甘再项目公司著名的司机"小华"，2008 年 5 月入职公司，由于技术过硬、反应敏捷又好学中文，深受公司员工和来访项目的领导和工作人员的喜爱，大家都亲切地称他为"小华"。

他说："现在柬埔寨过春节的人越来越多了，因为中国和柬埔寨的关系越来越好，中国人来柬埔寨的越来越多。只要家庭里有一个是中国人，这个家就要过中国春节，过春节的人家多了，当地的其他人家也学着过春节。所以一到春节，路上的饭店、商店都早早贴上春联、挂上了红红的灯笼……中国的春节在柬埔寨就越来越流行了！"

确实，如果在年前去金边商场逛街，对联、窗花、灯笼、福字、红包……各式各样的年货应有尽有，看路上骑摩托车回家的柬埔寨人或多或少都带着些年货，其中灯笼和对联尤为流行。中国春节俨然成了柬埔寨人不可或缺的节日之一。

听舒婉婷说，柬埔寨人是如何了解中国春节的

舒婉婷，甘再项目公司商务助理，一位地道的柬埔寨人。2014年1月入职项目公司，现在酷爱中文学习，对中国的春节也越来越留心。

她说："我了解中国新年是在读小学的时候。因为一到中国新年，华裔的同学就会和老师请假回家过节，过完节他们再回来时就会给我们看他们的新衣服和新年礼物。后来有了互联网，我又知道中国新年也叫'春节'。"

"长大以后，尤其是来到甘再电站工作后，每年春节和中方员工一起挂灯笼、贴春联、打扫卫生、做活动、领礼物……再看外面满街的灯笼、福字、对联，我对中国春节的各种习俗也有了越来越多的了解。这一年春节我把公司发的'福'字贴到了我家的门上，还是倒着贴的，表示福到了！大年初一，我还给爸爸妈妈和弟弟发了红包！"

看属地员工你一言我一句热热闹闹地聊中国春节，再看看柬埔寨满街挂满的中国红灯笼、对联、福字，高兴而自豪。是祖国的强大让中国年变成大家共同欢庆的节日，是中柬友谊让中柬人民共贺新春！

作者：白准英

大禹当月老，成就跨国水电奇缘

夕阳西下，一抹余晖将矗立在甘再河畔、水电大坝之上的大禹雕像镀为金黄，周围青翠的山峦、碧绿的河水也披上了鲜亮的衣服。帅哥陈宇、靓妹小黄在大坝上散步，一会儿抬头看看周边的山峦，一会儿低头巡视大坝上下。

帅哥陈宇

2012年3月，来自中国湖南长沙的帅小伙陈宇，作为水电十局优秀员工被选派到甘再水电站从事运行工作。很快他就通过努力成为一名技术过硬、能够独当一面的员工，在同批新员工中崭露头角。

由于在运行工作岗位上表现出色，2014年4月，公司领导又将他调整至电站维护工作岗位。从事维护工作后，他虚心向老师傅请教，和老师傅一起摸索、探讨做好维护工作的要领。他将理论和实践相结合，逐步有了自己分析、判断、故障处置的思路和方法，很快成为一位"老师傅"。

靓妹小黄

黄玉华，贡布省甘再河畔马龙村的华裔柬埔寨女孩，23岁。几年前，刚刚从华语学校毕业的她，听到甘再水电站招聘翻译后非常高兴。聪慧靓丽的小黄经过严格的口试、笔试、面试，闯过一道道关卡，终于如愿以偿，受聘为甘再水电站运行值班翻译。

当好电站翻译，只会说日常汉语是不够的，必须熟练掌握电站技术用语和运行规程，才能准确无误地翻译。聪明勤奋的小黄深深懂得这一道理，她在运行班组值班时，在努力做好翻译工作的同时，利用一切机会向中方人员学习电站运行规程用语。不久，她就成为一名成熟、合格的电站翻译工作者，得到领导的好评、同事们的喜爱。

情定甘再，情定大禹像下

2014年4月，由于人事变动，小黄与陈宇机缘巧合来到了一个班组工作。勤奋好学的小黄经常向陈宇询问电站运维方面的相关问题及工作要点，均能得到陈宇耐心细致的解答。小黄对这个耐心的中国小伙子有了好感，越发触动了她勤奋好学的因子，更多地请教这个帅气的中国"老师"。

而陈宇渐渐对这个虚心好学的华裔女孩产生了好感，他了解到小黄不仅漂亮聪慧，而且温柔、善良、纯真、活泼，是个难得的好姑娘。随着工作交往，两个年轻人一起值班工作、逛街吃饭、相约旅游、形影不离，不知不觉中渐渐成为恋人。

甜蜜路上的小坎坷

在中国，一对恋人在见过双方父母并经过同意的情况下，经常出入对方家中是件很平常的事情。但柬埔寨与中国不同，当地人生活比较保守，加上小黄家是华裔，还保留更多的中国过去的老传统。在他们热恋的日子里，陈宇经常接送小黄上下班，每晚带她去夜市吃她喜欢的小吃。

小黄的父母看在眼里，喜在心头，但由于传统观念作祟，不免担心。同时，小黄的家人又担心他们恋爱长不了，哪天小陈被调回国了，两人就得分手。终于有一天，小黄的妈妈忍不住了，对小黄说："你们两个都还没有订婚，小伙子每天跑过来接送你上下班，经常出去玩，别人会说闲话！他哪天调走了，你怎么办？"

小黄理解妈妈的心情，但她了解小陈。她告诉妈妈，他们的恋爱是认真的、甜蜜的，他们一定会走进婚姻的圣殿，不论在柬埔寨还是在中国，彼此永远相亲相爱，白头偕老。

经过小黄的不断解释和陈宇的良好表现，渐渐消除了小黄父母的担忧，接受、认可了他们的恋情。

相恋容易相知难，随着两人交往的深入，两人之间的文化习俗、生活理念差异开始显现，95% 的柬埔寨人信奉佛教，人民讲究随遇而安，心态平和，婚后丈夫一般随妻到女方家定居，这对出生在湖南长沙的中国小伙是个不小的考验。好在小黄是华裔，大致的生活习俗都和中国人相差不多，经过两个人坦诚的沟通，因为有爱而所有的问题也变得相对简单起来。

不久，瓜熟蒂落、水到渠成，一段让人羡慕的跨国恋情，又向前迈出了一大步。

带着"南洋姑娘"去见中国公婆

2014 年冬，湖南长沙的严寒来得特别早。小陈第一次带女朋友回家而且是一位漂亮的"南洋姑娘"，心里热度当然很高。小黄第一次去婆家而且是相隔千山万水的异国他乡，心里也是激动万分，依偎在小陈的怀抱里，忘记了中国冬天的寒冷，沉浸在幸福之中。

一路辗转，陈宇带着小黄回到老家。陈宇爸妈盼星星盼月亮终于盼到了一年多未见的儿子和来自南洋的准"儿媳"。准公公乐得合不拢嘴，跑前跑后；准婆婆拉着准儿媳的手怎么也看不够。街坊四邻也跑来凑热闹，悄悄品评这个"南洋姑娘"，直夸陈宇有眼光。

在一个月的假期里，小黄虽然不适应湖南的冬天，但仍然不顾寒冷，下厨做饭、洗碗、打扫卫生，不停地做家务，开始尝试尽儿媳的本分。在这短暂的假期里，小黄渐渐融入了这个新的家庭，渐渐从一个"国际友人"转变成了这个家庭中的一员。陈宇的家人也更加喜欢这个来自异国他乡勤劳朴实、懂事孝顺的小黄，提前把小黄当成了儿媳妇。

甜蜜的日子过得飞快，一个月的假期转眼到了尽头，分别的日子到了。"婆媳"依依不舍，准婆婆止不住泪珠成串。

跨国恋人走进婚姻圣殿

2015 年 11 月 17 日，有情人终成眷属。随着喜庆的音乐响起，小陈小黄一对新人步入了婚姻的殿堂。

没有甘再水电站，就没有这段美丽的邂逅；小陈小黄从相识、相知到相爱，见证了中柬两国、两国人民牢不可破的传统友谊。

想不到中国五千年前的治水英雄，今天却在异国他乡柬埔寨充当了月下老人，成就了柬中一对青年男女的百年之好。

作者：郭　舒

跟着 POWERCHINA
走向爱情和远方

金秋十月，老挝南欧江两岸的稻子透出诱人的金黄，象征着丰收和富足。

对南欧江畔的老薛来说，2017 年的秋天与往年有所不同，他不用再跟着地质勘探队四处奔波，而是可以悠然地守在江边，经营自己的小店。

跟随中国电建"走出去"

老薛名叫薛富贵，老家在云南西双版纳州。2013 年，他以外勤民工身份跟随中国电建进入老挝南欧江七级电站，从事地质勘探工作。就这样，老薛与中国电建结缘，与老挝南欧江结缘。

勘探队工作结束后，老薛选择了留在这里，在江边民工生活区附近开了家小店。店铺不大，占地不到 90 平方米，但商品却很齐全，从螺丝钉、铁丝、钳子、挖掘机配件，到水果、薯片、牙刷、充电宝，不一而足，简直就是一个微型"五金 + 生活"小超市。店铺里的商品全都"MADE IN CHINA"，住在这里的老挝和越南民工对物美价廉的中国商品情有独钟，每天傍晚民工下班后，店里的生意十分火爆。

2013年，老薛乘着"一带一路"建设的春风离开老家，独自一人跟随中国电建勘探队来到了老挝南欧江七级电站。进入勘探队之前，他在家务农，日子过得窘迫，从来没有想过有一天会走出西双版纳州的大山。他们十分感激国家"一带一路"倡议的好政策，他说，"没有'一带一路'建设，我很难走出大山，更别说走出国门"。

见证古老村落的文明变迁

听老薛介绍，当年进入七级电站的时候，当地村庄中连一栋完整的房屋都很难见到，很多老百姓连小孩的衣服都买不上，生产沿袭刀耕火种的方式。山中无路，村民出行只能依靠小木船。沿线村庄全部没有电话信号，也没有一个店铺和饭店，想买一瓶矿泉水都是不可能的。

电建海投公司投资的南欧江七级电站开工后，修建了一条长达94公里的进场路，为当地老百姓开通了致富路，外面的人进得来，山里的人出得去，还引进了电力电信商。现在，村里通水、通电、通路、通信号。

老薛说，电站开工后，电建海投公司还帮助当地盖起了漂亮的移民新村，招聘了大量的当地劳工，很多老挝人也借这个大好机会富裕了起来，他们赚钱后回家建新房、买中国家电、买漂亮衣服、送小孩念书等。随着电站的建设，更多的老挝和越南人也都相继来这里寻梦，原来这个人烟稀少，无人问津的村落逐渐热闹起来。如今这里人来人往，超市和饭店逐渐多了起来，白天建设车辆、工人奔忙，晚上灯火通明，歌声悠扬，打破山里的寂静，俨然一个经济繁荣的小镇。

中国人的骄傲和自信

现在，只要随便到江边小店坐坐，听到老挝人谈论最多的就是中国，以及"一带一路"建设给沿途百姓带来的实实在在的利益。每每提起中国，村民们纷纷竖起大拇指，赞不绝口。老薛说，虽然自己也只是一个普通的民工，

但在这里感受到了前所未有的尊重和礼遇，作为一个中国人，感到非常骄傲和自信！

老薛的小店是这里生意最好的。店里全部都是中国商品，品种齐全，品质优良，价格合理，特别是中国生产的电子产品，十分受老挝人欢迎。老挝人都说中国生产的手机十分漂亮，价格便宜，功能强大，还很耐用。在过去短短的时间里，老薛的小店已经帮他挣到了20多万元的收入。

在当地村民眼里，中国人是最值得信赖的朋友和好邻居，最喜欢和中国人做生意。老薛说，作为个人在这里做生意，也一定要秉持诚信经营的理念，保持好中国人的海外形象。

爱情之花绽放在美丽丝路

在这里，老薛还邂逅了美丽的爱情，遇到了自己的人生伴侣——一位善良的老挝姑娘，中文名叫朱莉，如今也养育了自己的孩子，为中老传统友谊增添了一段动人的佳话。

老薛夫妻二人共同经营着这家江边小店，其乐融融。

在老家西双版纳，老薛也建起了漂亮的新楼，还购买了一台汽车用于运送超市货物。2017年，又购买了一台崭新的自卸车加入七级电站工程建设，日子过得充满希望。

"特别感谢党和国家，有'一带一路'这么好的政策，让我能够彻底改变命运，摆脱贫穷，在南欧江七级电站这个美丽的地方实现爱情事业的双丰收。"说起这些，老薛脸上溢满了幸福的笑容。他说，"接下来他将按照习总书记说的'撸起袖子加油干'，再买一辆自卸车参与工程建设，并把自己的小店规模再次扩大，把日子过得更红火"。

在"一带一路"上，还有很多像薛富贵这样的人跟着中国电建"走出去"，收获幸福与梦想。祝愿"富贵"们的人生越过越精彩，也祝愿中老友谊的大树因中国电建海外投资而更加枝繁叶茂！

作者：骆弟林　桑文林

老挝大哥的一生

　　阿耶，老挝老龙族人，一名普通的司机，就职于老挝南俄 5 公司 6 年，为中国电建工作长达 8 年，我们都亲切地称呼他"大哥"。2018 年 3 月 19 日，大哥被肝癌夺去了生命，结束了他短暂却不平凡的一生，年仅 40 岁。

　　领导同事们得知噩耗后第一时间参加了大哥的吊唁会，看着花圈围绕中的大哥灵柩，第一次觉得原来不期而至的生死离自己这么近，仿佛洗涤了所有的回忆，留下的都是逝者的美好。

　　大哥是一个地道的老龙族，信仰小乘佛教，从小家庭贫困，被父母送到寺庙修行过一段时间，出寺庙后学会了开车。8 年前进入中国电建，开始为中老水电事业奉献。

　　刚入电建时，南俄 5 水电站正处于建设期，人员短缺，那时的大哥也只是个临时工。当看到这样一群来自中国的能工巧匠，在老挝荒无人烟的山谷中建起了一座宏伟的大坝时，大哥觉得十分神奇。他说，"能服务于老挝水电建设事业将是他此生的荣光"。

　　由于建设期表现优秀，建设期结束后，大哥顺利成为南俄 5 项目的正式员工。他长年奔波于万象和电站之间，350多公里的路程，由于路面的崎岖，往返一次需要16小时。根据工程建设需要，大哥平均每周要往返一次，6年至少往返了300多次，并保持了6年零事故的良好记录。大哥十分敬业，不管是晚上或周末都随叫随到。因为大哥的敬业，他连续数年被评为优秀当地雇员。

大哥说："我们空手而来，也会空手而去，唯一能留下的身后之物，只有我们曾经修下的各种功德，在这稍纵即逝的机会里，我们应该行善，能够宽恕的就宽恕，能够为别人做到的事情，能够报答别人恩情的事情，就赶紧去做。"

大哥常说，能为南俄5电站服务就是他上辈子修下的功德。因为在南俄5工作，他的生活不断改善，还收获了一群信任他的中国亲人朋友。大哥的住所，从最初的简陋小木房升级到了砖瓦砌的新房，不久前他还为家里贴上了瓷砖。大哥不懂建筑，但由于见识了中国工匠们建设大坝这样的场面，大哥学会了一些建造技能，他还自豪地告诉大家，家里的新房都是他利用休息时间，一砖一瓦、一点一滴亲手盖的。他很珍惜和南俄5电站的这段缘分，他希望用敬业的工作态度来报答公司的恩情，用勤劳和智慧让生活变得更加美好。

2017年12月30日，南俄5电站每年一度最重要的年终工作会议在电站现场召开，这也是大哥最后一次现场之行。

大哥育有3个儿子，最小的不到5岁，得知大哥家中的困难，生病期间公司领导和同事多次前去探望并送

老挝大哥的一生

上慰问金。大哥说，希望能早点好，这样就能回去上班。

大哥是出了名的宠爱妻儿，吃鱼的时候会把老婆最喜欢吃的鱼肚和鱼籽夹给她。不出差的时候，接送孩子上学、做饭、做家务，大哥几乎包揽了家中的一切大小事务。他说，辛苦的事情他来做就好，不希望老婆辛苦。

大哥的一生太过短暂，他还有很多事情想要完成。他希望再多努力工作几年，攒钱买个二手车，等儿子大一些教他们开车，送他们去孔子学院学中文，以后有机会还给中国电建服务。

大哥的一生并不平凡，他见证了南俄5电站从建设到运行的各项里程碑节点，他是中国"一带一路"建设者的亲密战友，是中老友谊的见证者。

斯人已逝，带走音容，留下感动。得知大哥去世的消息，南俄5公司工会发放了困难补助金并组织员工捐款，希望公司及员工们的关怀和心意能帮到大哥的家庭，希望中老友谊的佳话能世代相传。

作者：李　媚　李小安

老挝员工的中国年

备年货、挂灯笼、大扫除、贴春联，在老挝南欧江七级电站业主营地内，一群老挝员工在中方同事的带领下，忙碌在营地各个角落，虽然忙碌，但脸上总挂着灿烂的笑容，因为大家都知道"中国年来了！"

这是南欧江七级电站主体建设以来的第二个春节，也是永久营地建成搬迁入住后的第一个新年，相比去年春节，气氛显得越发浓厚。别具特色的楼房建筑、清新美丽的院落环境，在一个个大红灯笼、中国结的点缀下，显得年味十足，增添了山里的一份热闹。在中方员工心里的这个"远方的家"，对于老方员工来说，也已经成了他们在南欧江畔一个安定的归宿。

在 2018 年的中国年里，阿瓜也许是最不会隐藏喜悦的。

阿瓜是老挝琅勃拉邦市人，跟随着南欧江发电公司移民征地办同事从南欧江一级电站，一路向北，最终驻扎在南欧江七级电站。作为移民工作助手兼司机的他，经常跟随着移民征地办同事"走南闯北"，忙碌在各个角落。

这个中国年，阿瓜从小年开始就没闲着，挂灯笼是他的特长，身手矫捷的他跟着其他几个老挝人找布局、支灯笼、搭架子，没一会儿工夫，营地里就挂满了红灯笼、中国结，布置得特别细致。

满园的年味，增添了大家喜悦的心情，阿瓜同伙伴们热情地讨论着中国年，时不时用夹杂着英语和老挝语的中文跟我们打听关于中国新年的故事。

阿格是老挝员工里的大龄男青年，总是一副严肃认真的表情，几乎很少见他笑，大家唯一经常能见到的，就是他社交软件上露着两个深深酒窝的自拍照。他是七级项目部的一号老司机，从进场路修筑就一直跟着业主团队，娴熟的驾驶技能得到大家一致认可。

阿格的中国新年也没闲着，背着行囊以为是要去旅行，其实是参与到"春运"大军之中去了，开长途去送休假同事到机场回家过年，有了一号老司机的"护送"，归心似箭的同事坐在车里显得安心了许多。

有了一号老司机当然也有一号帮厨。阿玲也是南欧江七级电站的见证者之一，勤快聪明的她被安排在后厨从事帮厨工作，从最初的择菜洗菜到配菜，再到能协助厨师做一些简单菜食，阿玲的成长大家都见证了。

中国年对她来说，再熟悉不过，从参加工作至今，年夜饭成了她最累但

最快乐的一项任务。在厨师的安排下，她同其他帮厨一起，把精心择洗过的各种食材配好放盘，看着大厨翻腾着的铁锅，年味儿瞬间充斥了整个后厨。

同样对中国年别有兴趣的还有老挝小妹阿嘿。才刚入小年，阿嘿就早早地穿上了请中国同事在网上采购的大红色衣服。负责生活区卫生清洁的她，穿着过年新衣裳，年味儿一下子变得浓烈。阿嘿的姐姐也在南欧江七级电站工作，对于已经跟随电建海投在南欧江流域工作多年的姐姐来说，过年已经十分熟悉，但对初出茅庐的阿嘿来说，这是她的第一个中国年。

在南欧江七级电站业主营地里，老挝员工们用他们的实际付出感受着中国年味的到来。中国企业的进入，使得他们的工作生活发生了翻天覆地的改变，他们跟随着中国电建进入南欧江七级电站工作，知识、技能、财富的积累，正同南欧江项目建设一样，日新月异，越发厚实。电建海投南欧江发电公司的属地化管理，老挝员工是最真实的见证者。中老员工和谐共处，在各自岗位上努力工作，用实际行动传唱着南欧江畔"中老情歌"。

作者：王加杰

▍驶向幸福

阿文骑着新摩托车经过哈撒肥村村口的时候，正好遇见村花阿婉。

阿文不由自主地停下了摩托车，痴痴地看着阿婉笑，阿婉的脸上飞起两片红霞。阿文鼓足勇气对阿婉说："阿婉，我喜欢你，做我的女朋友好吗？"阿婉没有回答，娇嗔地瞪了阿文一眼就羞羞地低下了头。阿文趁热打铁地说道："阿婉，明天是星期天，我骑摩托车带你去县城玩好吗？"阿婉点了点头，阿文兴奋得不得了，暗恋许久的女神终于向他敞开了心扉。

时光退回到两年前，那时的哈撒肥村和老挝其他地方的许多山村一样，偏僻、闭塞、贫穷。

而阿文家的日子过得比村里其他人还要窘迫。父亲几年前上山伐木摔断了一条腿，落下了终身残疾，从此不能干活，仅勉强能够自理。母亲体弱多病，干农活基本也伸不上手。兄弟姐妹四个，大姐因为嫌村里穷而索性嫁到了外地，妹妹中学毕业赋闲在家，弟弟年龄尚小还在上学。排行老二的阿文无疑成了家里的顶梁柱。尽管阿文在父亲致残前就学会了开车并考取了驾照，但为了照顾家人，他还是放弃了外出工作的打算，只能守着几亩薄田刀耕火种，这样的日子哪里看得到希望，阿文的脸上经常写满愁苦。

阿文和村里的许多年轻人一样也到了谈情说爱的年龄，阿文也有自己的心仪对象，那就是村花阿婉。尽管阿文自认为长得蛮帅，可想想自己的家境，阿文还是望而却步了。阿文眼巴巴地看着村里的小伙子们向阿婉发动爱情攻势，听着他们欢快的笑声，阿文感受到了深深的落寞和怅然。

终于有一天，村子邻近的南欧江畔响起了隆隆的机械轰鸣声，一条路竟鬼斧神工、不知不觉从五十多公里外的县城修了进来。村长兴奋地告诉大家，中国公司要来这里建电站了。什么是电站？村民们头脑里没有概念，他们只知道那玩意建成后能给他们带来光明。村民们远远地望着许多钢铁做成的大家伙在开山运土，夹在人群中的阿文一脸的兴奋与好奇。

没过几天，村长又通知村民，中国公司要来村里招工了，要大家踊跃应聘。阿文第一个报了名，并幸运地被业主单位招聘为司机。阿文非常珍惜这份工作，他爱护车辆，工作兢兢业业。不开车的时候，阿文也会积极主动地做一些别的工作，并通过在工作中与中方员工的接触和学习，掌握了一些简

单的机械、电气修理技术，俨然成了一个多面手。阿文的表现得到了中方领导及员工的认可，一年后，单位给阿文加了薪，而且通过阿文的介绍，妹妹也在这里找到了一份保洁的工作。一个家庭竟然有两个人找到了工作，这在村里引起了不小的轰动，要知道，两个人的薪水加起来对于当地人来说可是一笔不菲的收入。

苦尽甘来，阿文家的日子越过越红火，说来也怪，或许是燃起的希望驱走了病痛，母亲的身体也比以前好了许多。

日子宽裕了，阿文在村里第一个买了摩托车，这要是放在两年前真是连想都不敢想啊！骑着摩托车的阿文酷劲十足，阿文成了村里最有出息的小伙，村里开始有女孩向他送秋波了，可阿文的心里只有阿婉，阿文坚信，阿婉是自己的菜。

水到渠成，爱情说来就来了，在阿文的热烈追求下，阿婉真的和阿文好上了，村里人都说，阿文和阿婉是绝配。

当阿文骑着摩托车载着阿婉行驶在哈撒肥村的时候，宛如一道移动的亮丽风景，阿文帅气的脸上写满自豪，坐在后面的阿婉笑靥如花，这甜蜜恩爱的一对正满怀憧憬地驶向幸福。

作者：李　海

▌我的老挝室友

清晨，同枯水期静默的老挝南欧江一起醒来，和室友文文互道"Sa Bry Dee Ton Zao"（老挝语"早安"）之后，我们便匆忙起床，准备迎接新一天的工作。即使是在冷空气还未完全消退的 2 月天，长夏无冬的老挝还是一如既往的阳光明媚，和我们此刻的心情一样。

我的室友陈文文，是一个土生土长的老挝琅勃拉邦女孩，"陈文文"是她的中文名字，老挝名字叫博拉帕。2016 年 7 月从云南师范大学毕业，不久前，她顺利通过电建海投老挝流域公司面试，被安排到南欧江梯级调度中心从事翻译工作。

融入——友谊之花绽放在南欧江畔

和异国朋友同住一室对我来说是第一次。起初我有很多顾虑，担心文化差异、生活习惯、沟通障碍等。然而，我所有的这些顾虑都在一天之后就被打消了。

"率性、开朗、不计较"，文文的性格和她的外表一样"酷"。豪爽的文文和办公室的每一位同事都很合得来，常常利用业余时间给部门同事培训老挝语。和营地里的老挝员工也能够迅速打成一片，厨房里的老挝厨娘买了新鲜的芭蕉会给文文送一袋，年迈的门卫大叔手机出了问题也找文文解决。不仅如此，原先很多老挝员工或因为语言障碍、或因为国籍不同不会和中国员工沟通的问题，如今都会找文文沟通，然后文文再向电站管理部这边反映，协调处理。

文文的到来不仅为老籍员工管理带来了新的启迪，还为南欧江二级电站与附近移民村村民的和谐互动带来了新的气象，为二级电站融入当地架起一座沟通之桥。

"桥梁"——项目外联工作中的"外交家"

自从文文来到南欧江二级电站，我们与附近移民村村民的交流来往日益频繁起来。工作之余，文文经常带着我们几个中国员工去移民村玩儿，从医生护士到村长，如今都变成了中国人的好朋友。路口老奶奶的小女儿结婚了，是文文帮助她给中国员工们发喜帖，并带领大家一起参加婚礼；哈克村一年一度的大型佛教活动，也是托文文给我们发出邀请，项目部组织参与并进行慰问。

2017 年中央电视台《远方的家》栏目组采访哈克移民村期间，文文作为当地翻译、受访者联络员，全程陪同翻译，并协助老挝村民准备采访材料，给栏目组和村民们留下了深刻的印象。之后，哈克村村长还把自己的女儿介绍到二级电站来工作，大抵是觉得和这么一群友好的中国人在一起工作，是一个妥实的选择。

不仅如此，由于文文的推介，流域公司安全环境部门也成功纳入一名优秀的老挝员工赖黎明。这个阳光的老挝小伙和文文一样曾经留学中国，并热爱中国文化，一毕业就进入中国的企业里面来工作，深得公司领导同事的赏识。

共赢——属地化经营夯实合作之基

文文大学学的是国际经济与贸易。刚开始，她只是协助部门同事做一些翻译工作。随着南欧江项目一期全面进入商业运营期，电网对调度工作要求更高，部门领导开始对文文进行水务专业基础培训。文文每天都向同事虚心请教水务计算方法，把新学的东西用笔记本双语记录，然后反复练习。

作为梯调中心第一个老挝员工，在和老挝电网国调中心接触几次之后，文文也逐渐掌握了两个部门之间的沟通机制，现在老挝国调中心有最新调度信息，也更多地愿意和文文联络。这样的有效沟通不仅大大减轻了部门同事的工作量，无形中也加深了两个不同国家不同企业部门员工间的深厚友谊。

随着中国电建集团海投公司在老挝的知名度不断提高，越来越多的老挝优秀人才慕名加入。老籍员工结构也从最初的司机、厨师、门卫等基础劳动者进阶到技术含量更高的翻译、调度业务员、环境移民等。实现属地化经营管理，大胆使用老挝当地员工，大大节约了公司的经营成本，促进了工作开展，巩固、提高了流域公司在老挝当地市场的竞争力、信誉度和知名度，也促进了文化的交流融合，在促进自身长远健康发展的同时，也造福了老挝这方项目公司依托共生的温润水土。

作者：龚　婷

我的老挝室友

我的印尼华人兄弟——"接森"

2017 年 8 月 14 日，我带着两箱行李和满腔的热忱，来到印度尼西亚明古鲁项目常驻。那时的我没有想到，我会在这个南纬 3° 的异国小城，遇到亲如兄弟的朋友。

我的兄弟叫 Jason Andrew Jusman，音译成汉语应该是杰森·安德鲁·游思曼。项目上大伙儿都用中式口音的英语亲切地称他为"接森"。

别看接森有个标准的西方名字，其实他是地地道道的华人。他的先祖来自福建，这也造成了他本人一个小小的遗憾：只会说福建方言而不会说普通话。大学毕业于新加坡的他从小就在国际学校读书，因此说得一口标准的美式英语。可能由于我们两个人都有留学经历，从初次见面我们便攀谈许久，一见如故。

接森比我早一个月入职明古鲁发电公司，就职于商务合同部，而我就职于工程管理部。

来自不同部门的我们，经常一起"出任务"，也就是在印尼国内出差，前往雅加达、巨港、棉兰等地与印尼国家电力公司 PLN 等相关合作方沟通。结伴出差增进了我和我兄弟的交流。

初出茅庐的我们幸而得到领导的信赖，代表项目公司多次执行公司对外工作。一次次的任务让我们迅速成长，我们也在这些任务的执行过程中，与PLN 的各级领导建立了良好的关系。

"我们去明古鲁要接森接机。"巨港 PLN 的朋友曾在某次检查前专门提出这样的要求。

由于英语能力出色，接森在完成自己本职工作之余，还经常被委以翻译工作。合同条款、技术规范、往来信函，各种需要标准英语的场合都会看到接森工作的痕迹。

就在几天前，中方员工晚饭后加班开会，有一份印尼语文件让大家犯了愁。于是我们又一次呼叫接森"救火"。

当我微信联系接森的时候，他本以为我只是找他闲聊，因此给我秒回了一张他正在理发的"帅照"。

我向他说明情况，问他能不能帮忙将这个着急的文件翻译成英语，接森二话不说马上答应。不一会儿接森便出现在中方员工驻地，带着满脖子的头

▲ "接森"（左一）与本文作者在明古鲁项目

发楂儿——原来他理完发来不及洗头便匆匆赶来帮忙。

这就是我的好兄弟接森一个最突出的特点，以项目为重、工作为重，无论是夜里还是周末，只要有自己能帮忙的急活儿、难活儿，接森总会毫不犹豫地冲过去。

我想，这也是接森把我们中方员工都当作自己人的表现。

接森曾多次跟我说，想让我休假回国的时候带他一起去中国，去看看有厚重历史的北京、祖先曾经生活的福建、冰天雪地的东北，当然，还要大快朵颐他最喜欢的中餐。

我曾经跟他开玩笑，说他是不会讲汉语的"假中国人"。接森笑了笑，给出一个我一直难忘的回答：

"我可能拿着印尼国籍，也有美国绿卡，但我永远也不能成为他们的一员。我的基因决定了我是一个龙的传人，就像我的姓 Jusman，就是祖父为了让后代们记得，我们是'姓游（接森家族本姓游）的人'。"

第一次，我在这个总是微笑着的谦逊大男孩的眼里，看到了一丝悲伤、一丝无奈，但更多的是坚毅的自豪。我想，这种眼神一定也曾出现在他的祖祖辈辈的眼中，出现在闯荡四海的华人的眼中。

电建海投响应国家"一带一路"倡议，在"走出去"的过程中，让很多项目所在国居民享受实惠，同时也促进其认识、了解中国这个负责任的大国。

而对于像我的兄弟接森这样的海外华人，"一带一路"的意义又多了一层，虽然他们的祖辈已经离开故土，但基因和血液注定的根源生生不息，"一带一路"促进民心相通，让大家能够真正地互相了解、理解、喜爱，也增强了他们作为海外华人的自豪感和自信心。

易名改姓不忘本，背井离乡归心存。同胞奋战明古鲁，汗水淬炼中华魂。

作者：刘辰睿

我是尼泊尔人，我有一颗中国心

我叫达哈尔，尼泊尔人，是一个农民的孩子，出生在尼泊尔东部雪山下面一个名叫"马迪"的小山村。

家里9个孩子中我排行老六。小时候家里很穷，养了十多头牛、十余只羊，地里种少量玉米和土豆，只能维持简单的生活。

我从小就开始做农活，每天早上起来就光着脚去割草，喂牛，放羊。看过初升的太阳映红雪山，也看过泥泞的小路和绿绿的小草原，可是就没有见过汽车和柏油路，更没有见过电灯。每当看到蓝天上飞机飞过时，我都会高声大喊："你好！"心里幻想着自己什么时候才有机会坐飞机啊。

梦想的种子开始发芽

为了实现自己的梦想，为了走出这大山，我每天在煤油灯下努力学习。

1986年初中毕业，我终于考上了尼泊尔首都加德满都的高中。

我非常兴奋，用了6天时间走路、乘车跨越1200公里崎岖山路，终于到达了尼泊尔首都加德满都。我第一次走出大山，第一次看见汽车、电灯、市场、大楼，第一次听到各种车的声音，我也第一次开始穿衬衫，有了自己第一双拖鞋……

高中毕业之后我回到出生地当了一名教师。

我第一次了解中国是通过收音机，在收音机里听中国人用尼泊尔语广播，从那时候我开始知道中国是一个发展中的大国，生产了很多种生活用品销往世界各地。那时的我就憧憬有机会到中国去看一看。

3 年后我考上加德满都的大学，大学毕业之后攻读硕士尼泊尔语法专业。1998 年毕业后到首都机场附近私立学院任尼泊尔语法老师近 10 年时间。

梦想终于实现

2008 年中国国际广播电台需要一个尼泊尔语言专家，经推荐和考察，中国国际广播电台录用我到电台工作。

当时的我情绪非常激动，终于乘坐上了飞机。在飞机上看到许多漂亮的风景，雪山、白云和蓝蓝的湖水。

经过西藏高原的拉萨机场和成都盆地的成都机场转机，夜里 12 点到了北京，北京很大很漂亮，道路干净明亮。

从此，我开始了在北京的 5 年工作之旅。

在北京我作为尼泊尔语专家，主要的工作是在中国国际广播电台做新闻报道，将中文编辑翻译成尼文，并教中国人尼泊尔语，还作为石景山志愿者参加了 2009 年新中国成立 60 周年纪念活动和 2012 年中共十八大期间的服务工作。

在北京工作时，中国国际广播电台领导和同事不仅在生活上精心照顾，让我们住国际台的专家楼，还提供机会让我参与翻译编辑出版了很多书籍。其中有《研究方法论手册》《每日汉语 1-6 册》（中国国际广播出版社）、《汉语乐园》（2010 年北京语言大学出版社出版）、《汉语图解词典尼泊尔语版》（2010 年 7 月 商务印书馆出版）、《新编简明中文 - 尼泊尔文词典》等。

我很珍惜在中国工作学习的机会，努力学习中文，我的中国同事、朋友耐心地教我学中文，学习中国的传统文化。在北京工作期间与中国同事和朋友建立了深厚的友情，我也对中国有了一种割舍不了的感情。

当梦想再次开花

2013年10月回到尼泊尔工作，但我仍怀念在中国学习和工作的时光，在中国工作时的情景在脑海中不断浮现，那时我就暗暗定了目标，要在尼泊尔的中国公司找一个好工作。

我每天查阅报纸，留意查看有无在尼泊尔的中国公司发布的招聘信息。

功夫不负有心人。我在2013年底一天的报纸上看见中国水电—萨格玛塔电力有限公司招聘员工的广告，但是没有写需要翻译。

我抱着试一试的心理发了一个邮件给中国水电—萨格玛塔电力有限公司。

我在邮件中写道：虽然你们公司没有招聘翻译的岗位，但是我很希望到中国公司工作，如果需要翻译的话，请随时跟我联系。

时间在期盼中一天天过去。

▲左二为本文作者达哈尔

我是尼泊尔人，我有一颗中国心

终于，我的手机响了，通知我去面试！

我兴奋极了，一分钟也不愿耽误，立即坐车一个小时赶到公司办公室面试。我还记得面试我的是公司行政事务部的刘新峰。

很幸运，我通过了面试，有了在中国公司工作的机会。当时我很开心，马上回去将喜讯告诉了家人。

工作中，公司领导都很喜欢我和相信我，每年都涨工资。我的生活越来越稳定，生活也越来越好，这在以前是不可想象的。我很感谢中国和中国电建，是他们给了我很好的工作机会，让我再次实现了心中的梦想。

我的中国心

中国电建的领导很关心员工，这让我十分感动。

2015 年 4 月，尼泊尔发生强震，我在加德满都的房子被震裂，因余震不断，妻子和孩子晚上不得不住在路上，公司知道后很关心我的家庭情况。他们说："你让你夫人和孩子来电站住吧。"于是，我的家人就在公司食堂一起吃住了半个月，公司还捐款给我 2 万卢比修缮房屋。此外，公司还发动公司里

的每个中国人捐钱给受地震影响的尼方员工。公司专门提供了 70 万卢比的铁皮房给当地百姓，由当地政府和协调委员一起发放给老百姓，帮助他们暂时遮风挡雨，度过雨季。

一晃我在上马相迪 A 水电站工作五个年头了，在中国电建公司工作，工作与待遇都很公平，我曾被公司评为"海投之星"。我很珍惜在中国公司工作的机会，一直很努力地工作。

我有一个愿望，就是我儿子毕业以后在中国或中国公司工作。在我的影响下，儿子也很喜欢学习中文，由于成绩优秀，中国孔子学院提供了他全额奖学金让他在北京语言大学留学，2021 年毕业后将由孔子学院提供资助并安排工作。

现在我的生活很幸福，有稳定的收入，有一个幸福的家。这一切都是中国、中国电建提供的，我很感谢中国！

由于长期在中国和中国公司工作，我对中国产生了一种深厚的感情。虽然我是尼泊尔人，但我有一颗中国心，我喜欢中国人，我喜欢中国。

作者：达哈尔（尼泊尔籍）

我是尼泊尔人，我有一颗中国心

小华：载上幸福，出发！

见到小华时，他刚从 PH3 电站回到项目营地，正在擦洗车辆。

"你好，朋友。"初次见面，小华伸出右手，向我问好。这与大部分柬埔寨人跟中国人只能用眼神和点头来表示友好的形式不同，眼前的这位中等身材、皮肤黝黑的小华，字正腔圆的普通话发音，把我猛地震了一下。

小华并不是在中国专修过中文的留学生，也不是柬埔寨当地华侨华人，而是电建海投甘再项目公司的一名司机，是土生土长的柬埔寨人。就在甘再项目营地的一片杧果林中，小华讲起了他的电建故事。

为家人，他来到中国电建

出生在柬埔寨干拉省的小华，和村里的很多年轻人一样，17 岁便开始出来闯荡"世界"，先后开过运水货车，当过制衣厂工人，甚至看守过制鞋厂的柴油发电机。但低廉的收入，对于贫困的家庭来说是杯水车薪，就连谈了五六年的女朋友，也因为小华工作不稳定，迟迟没能娶进家门。

"我 28 岁之前的人生是灰暗的。"小华这样总结。

我问小华："那您是怎么到电建海投甘再项目公司工作的？"

"那是一次很偶然的机会，朋友告诉我离家 200 公里外的甘再河上，一家中资企业正在建设水电站，被洪森首相誉为柬埔寨的'三峡工程'。当时我想，这么大的工程，一定会需要很多的当地员工。"

"所以，您把能到水电站工作，当作改变自己和家人命运的一次机会？"我似乎明白了小华的"心思"。

"是的，可我当时连一句中文都不会说，所以就报名参加了当地的中文培训班，每天全身心地学习读写汉语拼音，坚持了三个月的时间，我就能进行简单的中文读写听了。"

2008 年 5 月，小华凭借着扎实的驾驶技术和中文基础，成为建设中的甘再水电站的一名司机。在外闯荡 10 年的小华，终于迎来了命运的转机。

小华格外珍惜这次工作机会，为了能成为甘再水电站最好的司机，小华开始更加刻苦地学习中文。

"我除了购买学习中文的专业书籍外，还会跟着中方员工一起看中文频道，听中国故事，中方员工的交谈，尤其是项目公司领导的讲话，我都用心去听，不太明白的就用随身带的小本子记下来，回去查资料，或是向中方员工请教。"

勤学苦练，日积月累，小华的中文水平得到了快速提高。更难能可贵的是，小华还逐步了解掌握了中方员工的思维模式，实现了无障碍沟通。

这一切让小华脱颖而出，收入也逐年提高，小华成了家，很快儿子也出生了。

"当时，自己第一次感到了幸福，来甘再项目公司工作是我这一生最正确的决定。"

为工作，他当起"联络官"

37 岁的小华，原名 Nychom Nan，为了表达自己最朴实的愿望和对中国企业的喜爱，他给自己取了个中文名字"钱喜华"，项目公司的同事都喜欢称呼他为"小华"。

更让同事称道的是小华认真负责的工作态度。

"对于一名司机来说，金边以及贡布省基础设施相对滞后，道路狭窄，也没有导航，很多地方不太好找，一定要提前做好'功课'。"小华说。

"那您有什么诀窍？"我问小华。

"我也只是笨办法。对于第一次去的不熟悉的地方，我一般会骑摩托车先走上一次，摸清路况，并做好记录，下一次就能更好地合理规划行程，不会耽搁公司办事。"

就是凭着这份细致认真，9年来，小华安全行驶了30多万公里，每次出车任务都能出色完成。

但在项目公司同事的眼里，能熟练掌握柬、中、英三国语言的小华，定位远远不只是一名"司机"。

小华每天都会随身带着一个笔记本，那是他的"武林秘籍"。9年来，爱写爱画的小华，把他接触到的"有用"信息，都一一记录在了他的笔记本上。

慢慢地，小华在首都金边和贡布省积攒下了很多的"资源"和"人脉"，他的"武林秘籍"也成了金边、贡布的"114"。

"如果项目公司急需采购、租车、订货等，我的这些信息就可以派上大用场，能帮助咱们公司快速解决一些问题。"小华欣喜地说。

在人员紧缺的项目公司，小华俨然成了一名联络官、多面手。

"工作9年来，我见证了甘再水电站从建设到运营的全过程，随着电站投运，我们这里人口多了，人气旺了，日子也好了。看到中柬两国人民和谐相处，共同发展，我就感觉自己特别幸福，特别有意义。所以，我一定要全身心把工作干好。"

"这是对中国电建的认同感和获得感，让您迸发了工作的活力和激情。"

"是的，这9年来，与中国员工朝夕相处，不仅练就了工作技能，还深刻领会了咱们中国电建'自强不息，勇于超越'的企业精神。在这里，不论中国员工还是柬方员工，只要努力就一定会有收获。感谢中国电建，让我学到了很多，也得到了很多。"

为梦想，他紧握方向盘

2013年7月，小华的女儿出生了。

我笑着说："用我们中国话说，您正好凑了一个'好'字，称得上是人生赢家了。"

"是的，一个'女'加上'子'，就是一个'好'字。"我再次惊叹于小华出色的中文水平。

"在甘再项目公司收入稳定，孩子们再也不用像我一样，因贫穷而早早辍学。现在，儿子上午在公立学校学柬语，下午就到中文学校学习中文。"

"您是想让自己的孩子们以后也能到中国企业来工作？"我打趣道。

"是呀，我就是一个很好的例子。能到中国电建这样的中资企业工作，是很多柬埔寨人的梦想，所以中文一定要学好。在'一带一路'倡议下，咱们中国电建一定会不断发展壮大，或许不久的将来，等我孩子长大的时候，就可以到中国电建新建的项目去上班了……"

"除了收入外，还有其他原因吗？"我不禁问道。

"收入只是一方面，更多的是中国电建的担当和包容。项目领导和同事对我们柬埔寨员工特别关心，我母亲去世的时候，公司的同事还给我捐了款，每年项目营地举办春节晚会，大家在一起联欢，就像是一个温馨的大家庭，这在其他公司是不可想象的。"

对于未来的打算，小华说："我的梦想就是自己能握紧方向盘，把车开好，把工作干好，让甘再水电站成为中柬两国人民友谊的纽带，永远给我们创造美好幸福的生活。"小华的目光中透着坚定。

一个小时的交流时间，小华让我刮目相看。他流利的中文、乐观的心态、敬业的态度，以及他发自内心对于中国和中国电建的热爱，都深深打动了我。

不仅仅在甘再，在电建海投公司的十多个运营和在建的项目中，在践行"一带一路"倡议的步伐中，越来越多的外籍员工加入中国电建的大家庭，以梦为马，不负韶华，通过自己的努力与奋斗，实现着梦想，改变着命运。

我跟小华告别时，小华双手合十向我致谢。我知道，这是柬埔寨人民最真诚的问候方式。

向幸福出发，让梦想实现。祝福小华，祝福柬埔寨人民。

作者：刘向晨

▎"一带一路"上的国际小店

　　阿婆是一位年过五旬的老挝妇女，慈祥、和蔼、热心肠。阿婆开了一家小店，坐落于老挝南欧江二级水电站营地外约一公里处。

　　和老挝大部分依山傍水的民居一样，阿婆的店是用当地盛产的柚木板搭建起的吊脚楼，依偎在二级电站进场公路边上。门前是寮北青葱馥郁的山丘，身后是玉带一般逶迤向前的南欧江。

　　阿婆的店很小，极简陋，商品少得可怜，甚至都不能称之为店，大概就是一个小卖部加半个茶歇棚的样子。

　　但就是这么个不起眼的小店，由于中国人在这里修了一座水电站，竟热闹得像个驿馆。

　　每天晚饭过后，电站的员工无论是中国人还是老挝人，都喜欢到阿婆的店里去坐一坐。

　　一到门口，阿婆就会从屋里抬出几个四方凳给大家坐，不拘小节的同事索性就坐在门口的大石头上，逗乐一下阿婆养的猫和狗，大家都已经很熟络了。会老挝语的就和阿婆开开玩笑，问声好，不会老挝语的就和阿婆点头微笑，然后自顾自地和同事聊天，买一两包泰国产的香瓜子和一两瓶 Beer Lao 把酒言欢。阿婆偶尔也会端出一盘自己亲手做的舂木瓜给大家做免费的下酒菜。

很多时候，我们都会相约去阿婆的店里假装买几样东西，其实只是想找机会练练当天新学会的那几句老挝语。每次人还没到店里，就大声喊着："Mae, Khoy ma leo.（老挝语：阿妈，我来了）"，这时，阿婆就会笑着从屋里走出来，应声道："Ma leo ,ma leo.（老挝语：来了，来了）"然后拉着我们的手问长问短，尽管她说的大部分内容我听不懂，但还是能从她的言语里感受到她的友善和对我们的关切。

阿婆常常让我们想起远在国内的家人。同事莫姐喜欢吃阿婆做的鸡蛋煎饼，每次到店里都会让阿婆摊上一大个，还要撒上葱花。莫姐是广西人，她说想家的时候就会跑过来买，老挝菜大部分是吃不惯的，但是阿婆做的鸡蛋煎饼有家的味道。

阿婆有三个女儿，大女儿嫁给了一个中国人，和丈夫一起长年在中国昆明做生意。每次讲起大女儿，阿婆总是特别骄傲，说大女儿告诉她的关于富裕中国的一切，楼房有多高，马路有多宽，汽车有多快，眼神里满是对中国的喜爱和向往。二女儿也是长年和中国人打交道。阿婆的小女儿，曾在公司微电影《情满南欧江》里出演过镜头，温柔可爱，落落大方。上年小女儿结婚的时候，阿婆还邀请我们中国员工去参加婚礼，并精心准备了好饭好菜，还在远亲近邻面前炫耀她的中国朋友。阿婆还喝了一点酒，开心得手舞足蹈。

南欧江二级电站在给进场公路安装路灯时，把输电线路也牵进了阿婆的店里，让阿婆免费用上了中国人发的电。雨季的南欧江总是一到晚上就氤氲起一片片白茫茫的雾气，将整个流域紧紧包裹在她的怀抱里。夜幕降临，挂有电建海投公司宣传牌的路灯在一团雾气里光明而耀眼。阿婆的店的轮廓在路灯的照耀下越发清晰而富有历史感。大山大河水电站，总给人一种荒无人烟的萧索和无力感，但这一切到了阿婆的小店门口，都变得富有人情味，给人温暖。

阿婆的店见证了南欧江二级电站进场公路上每天的迎来送往，亲历了南欧江梯级电站一期项目从开工建设到投产运营的全过程，缩影了中国电建的建设者与老挝人民水乳交融的属地生活，因此，阿婆的店也渐渐地被赋予了更多的意义，成为"一带一路"上的国际小店。这位可爱的老挝阿婆，也成为"一带一路"建设的磅礴浪潮里，一朵平凡又美丽的浪花。

作者：龚　婷

建一座电站、树一座丰碑。中国电建以追求卓越的态度,树匠心、造精品、育匠人。

这里有老骥伏枥的壮心担当,有青年才俊的坚毅勇进,有矢志精品的专业磨砺,有稳扎稳打的市场先锋……

他们,让中国电建海外投资的事业越发精彩;

他们,让"大国工匠"的声誉远播海外。

匠心

JIANGXIN

燃烧青春岁月　奉献电建事业

——记 2013 年度中央企业劳动模范何书海

工程设计，他是十足的"拼命三郎"；管控成本，他是精打细算的专家；开拓市场，他是勇往直前的勇士；身先士卒，他是年轻同志的楷模。20 多年来，他以火热的激情，全身心地投入到电建企业的发展中，在平凡的岗位上创造了不平凡的业绩，书写了一曲青春赞歌。他就是中央企业劳动模范、电建海投公司副总经理何书海。

何书海 1989 年 7 月毕业于天津大学水工专业，正值青春年少的他怀揣着对专业的理想投身水电事业，这一干就是 20 多年。20 多年来为中国电建集团国际业务的跨越式发展特别是电建海投公司海外投资业务的开拓付出了辛勤努力，获评 2013 年度中央企业劳动模范。

打铁还须自身硬，登高方能望得远。多年来，何书海认真学习党的路线方针政策，深入研读水利水电行业法规、规范和规定，先后完成江西界牌枢纽工程技施设计、张河湾抽水蓄能电站可研设计、西藏查龙水电站初步设计和技施设计、老挝南立水电站可研设计等项目，涵盖了可研、初设和技施设计的各设计阶段工作。

"梅花香自苦寒来，宝剑锋从磨砺出。"扎实和相对完整的技术知识，为他从事国际市场业务开拓以及国际项目实施与商务管理打下了扎实的基础。他以突出的市场开拓能力和勇于拼搏的工作激情，为新的市场竞争形势下中国电建国际业务的跨越式发展和非水电国际业务开拓做出了贡献。他先后参加了中东、东南亚、东欧、北非市场的开发，其中中标的过亿美元大型项目包括卡塔尔路赛场地准备项目、多哈新机场项目、尼泊尔上塔马克西水电站项目、泰国蓝色线轨道交通项目、缅甸蒙育瓦铜矿开采项目等。这些项目有力地促进了集团公司国际业务的转型升级发展。他的商务能力和国际项目执行能力表现突出，善于总结经验，开创性地积极推进国际业务市场开拓与项目管理工作。他长期驻外8年多时间，先后参加了4个海外项目的现场执行，历任项目总工、商务经理、项目副经理、项目经理等。在执行项目期间，他带领工作团队实现了公司确立的项目合同执行目标，同时，也为进一步拓展市场空间创造了业绩、人脉、市场基础。

在任尼泊尔上马相迪A水电站项目公司总经理期间，他带领项目团队，充分了解当地政治生态、利益相关方及其重大关注、营商环境特点、合作伙伴和谈判对手情况等，积极捕捉和利用工作契合点，以决心、恒心和耐心，发挥其专业特长，精心组织谈判，严格把控风险，有效推动了项目开发进程。

电建海投公司成立后，对海外投资业务的拓展力度、业务管控力度明显加大。从空间上，投资业务正在向印尼、马来西亚、斯里兰卡、巴基斯坦、斐济、坦桑尼亚、肯尼亚等国家发展；从业务类型上，正在由传统的水电投资，向火电特别是坑口电厂、风电、太阳能等方向投资扩展；从融资模式上，正在做出新的尝试。何书海积极投身于海外投资业务拓展，作为集团海外投资业务发展战略的践行者之一，他以专业和敬业贡献着自己的智慧和力量。

作为一名共产党员，何书海严格坚守党性原则、踏实的工作作风，注重个人品德修养，充分发挥共产党员的先锋模范作用。他廉洁自律，秉公办事，在担任基层项目经理期间，自觉遵守有关规定和要求，自觉接受基层群众的

▲左一为何书海

监督，真正做到了自重、自省、自警、自励，为党员干部的廉洁从业做出了表率，保持了一名优秀共产党员的高尚情操，赢得了群众的高度评价。

作为电建海投公司副总经理，面对繁重的工作，他干劲不减、作风不散，对待工作始终保持着一种旺盛的热情和严谨的态度，始终保持求真务实、雷厉风行的工作作风。由于项目前期工作需要经常出国考察，他能够克服家庭困难，只要工作需要，从来没有因为客观因素影响工作，有时刚刚出差回来又需要马上外出，他从来没有一句怨言和丝毫的懈怠。

作为一名具有较强专业能力的领导干部，何书海还在工作中牢固树立合作意识、表率意识，始终保持谦虚谨慎的工作态度，积极协助领导努力开展各项工作，同时也为公司积极培养国际化专业化人才。

这就是何书海，一个普普通通的电建人，他在平凡的工作岗位上默默奉献着不平凡的业绩。他也深知，在未来的工作中，任务将更加繁重，要求也更高，需掌握的知识更广泛，因此他立志更加勤奋学习，努力工作，为公司的快速发展做出新的更大的贡献。

作者：张一凡

践行"一带一路"倡议和
"走出去"战略的时代先锋

——记国资委首届"央企楷模"蔡斌

"百舸争流千帆竞,敢立潮头唱大风!历经严峻的考验,赢得世界的尊重。你与山川为伴,与江河同歌,你筑就了大坝巍峨,搭建了邦交友谊,挺起了央企脊梁,成为'一带一路'建设的时代先锋!"

2017 年 4 月 27 日,在国资委首届"央企楷模"颁奖典礼上,当嘉宾深情朗诵蔡斌的颁奖词时,全场响起了热烈的掌声!而蔡斌的眼角却湿润了,20 多年征战海外的一幕幕仿佛又在眼前闪过……

多年来,蔡斌默默坚守在海外投资事业的第一线,从国内到国外,从EPC 总承包到 BOT 项目管理,他先后参加或主持了 11 个电站项目建设,总装机容量 1000 多万千瓦,有力地推动了中国标准、中国技术、中国设备、中国文化一体化"走出去"。

投身电建，"拼命三郎"迎难而上

三十年弹指一挥间。1985 年大学毕业，蔡斌毅然选择投入水电一线建设，从此他的命运就与电建结缘。

从葛洲坝电站到四川二滩水电站，从一名刚毕业的大学生到独当一面的技术骨干，职业生涯的最初十年，蔡斌一直奋斗在最艰苦的施工一线，困难和挑战磨炼了他的意志，锻炼了他的能力。

从上波迪·科西水电站开始，开启了他长达 20 年的海外工作生涯。蔡斌先后负责老挝南俄 5 水电站等十余个国际大型水电、火电工程项目的建设及管理，总装机容量 1000 多万千瓦。

接触过蔡斌的人常说：哪里有困难，哪里最艰苦，哪里就有蔡斌的身影。

2010 年 3 月，老挝南俄 5 水电站面临工期严重滞后的被动局面，他临危受命，盯在施工一线，通宵达旦地与参建单位一起剖析问题症结。引水隧道

地质条件恶劣，坍塌渗水严重，是制约工程进度的关键，他踏着齐踝深的泥泞，深入到掌子面摸清情况，制定了"短进尺、强支撑、强观测"的施工方案，针对管理薄弱环节，强化现场管控，提前一个月实现发电目标。

在困难面前，他比困难更顽强。2013 年 8 月，老挝南欧江流域遭受百年一遇特大洪水，最大洪峰达到 6246 立方米每秒。他昼夜守在现场，亲自指挥各梯级电站抗洪，当时最大的那次洪峰就在距他不到一米的脚下通过，面对滔滔洪水，他沉着冷静，运筹帷幄，最终战胜了百年一遇的特大洪水。

2012 年，他既要负责南俄 5 水电站项目建设，又要负责南欧江流域 3 个梯级电站项目融资、征地移民、环境保护、项目建设等任务，工作跨度大、战线长，涉及问题多，需协调的单位多，工作异常艰辛，工作负荷空前繁重。面对困难，他决定采取"走动式管理"、不定时蹲点督导的方式，连续数年驱车数百公里在几个工地往返奔波，随时到各梯级电站检查、督导，累了就在车上眯会儿。走完南欧江流域一期项目的 3 个电站，就要穿过老挝 2 省 6 县，陆路往返 900 公里。

正是凭着他这股"拼劲"，南欧江一期项目面临的道路不畅、地质变形、洪水泛滥、洞口塌方等诸多困难和问题一一得到了解决，二、五、六级电站均按期完成大江截流等节点目标。

探索创新，倾心付出筑就丰碑

创新，是做好项目管理，推动投资项目顺利实施的保障。

2015 年 5 月，蔡斌勇挑重担，前往巴基斯坦带领团队建设卡西姆电站，开始了与时间赛跑的一段历程。在他的精心组织策划下，各项工作迅速有序展开。当年 8 月，克服了当地 40~50 摄氏度高温，施工用水、用电受制约等种种不利因素，仅用 3 个月就完成了 7000 多根桩基建设任务，为土建主体工程全面展开奠定了基础。

在卡西姆电站项目，蔡斌从中国电建全产业链优势出发，集合设计、采购、施工、建造各专业一齐发力，创新成立 EP 中心，有力地推动了项目建设。在不到 24 个月的时间里，在蔡斌的带领下，卡西姆电站项目先后完成融资关闭、土地注册等一系列制约工程建设的关键项目，全面提前完成了各工程控制节点目标。

在老挝南欧江流域梯级电站，他探索出"1+2+3"管理模式，即围绕现场管控这一重点，采取流域公司月度监管和监理、设计、施工单位日常管控相结合；把握深入施工现场、与参建四方交流、与项目部员工座谈三个重要环节，强化现场管控和项目精细化管理，实现了对二、五、六各级电站建设情况的全面梳理和把控，有效地推动了各节点目标的顺利实现。

他常说"创新是建立在高标准、严要求的基础上"。为此，他被冠上了"黑脸蔡"的绰号。记得在巴贡水电站混凝土面板堆石坝填筑时，填筑大坝已碾压完成的石料中混有较多泥土，他发现后要求挖除重填。施工方领导求情，说对工程影响不大，挖除重填肯定会影响工期。蔡斌黑着脸说"我不解释了，就四个字，挖除重填！"但凡"黑脸蔡"所在的工地，没有人敢在工程质量方面讲价钱、搞猫腻。因为，不知何时"黑脸蔡"又会不声不响地"降临"现场。

"我宣布，南欧江流域首台机组正式启动发电！"2015 年 11 月 29 日 8 时 50 分，在老挝琅勃拉邦省南欧江二级电站举行的庆典仪式上，伴随着老挝副总理宋沙瓦·凌沙瓦宣布，南欧江梯级电站首台机组正式投产发电，这标志着老挝境内唯一一个全流域梯级电站项目，顺利完成了首台机组发电目标。这一刻，让远在巴基斯坦的蔡斌心潮澎湃，久久不能平静。

矢志不渝，扎根海外无怨无悔

有一种情怀，叫不忘初心，牢记使命。

对艰苦环境，奔波的生活，蔡斌毫无怨言。他说既然选择了远方，就要风雨兼程。三十年如一日，他不仅要适应艰苦环境，承担各种工作压力，更要承受长期远离亲人的孤独与寂寞。一年 365 天只有 30 多天能与家人团聚。聚少离多，他无法照顾年迈的父母，不能陪伴生病的妻子，无法教育指导成长中的孩子，对家人的愧疚只能埋藏在心底。谈起这些，蔡斌的眼角总会湿润："我是水电人，前辈们也是这样做的！"由于长期劳累，身心疲惫，巨大的工作压力和工作强度，使他患上了高血压，药物成了陪他辗转战场的亲密伙伴。

海外业务，不仅是对业务能力的考验，更是对身体状况、精神毅力的检验。在巴基斯坦卡西姆港，由于项目所处地区的自然环境恶劣，高温、高湿、高盐、风沙大，十几年没有发病的鼻炎老毛病在工地严重发作。虽然鼻炎不是要人命的病，但是时刻打喷嚏和流鼻涕，让他每天感觉头昏脑涨，痛苦不堪。2015年底，利用回国开会机会，他到医院检查，由于鼻窦炎症状严重，必须进行手术切除，因手术时意外破坏了鼻腔内的迷走神经，在手术台上发生了休克，经过近2个小时的抢救，他才恢复意识，医生强烈建议术后休息，但他心里放不下项目，第三天又赶回了建设现场。

一条条河流就是一张张名片，一座座电站就是一座座丰碑。在"一带一路"中的每一个参与的电站，他始终挺立潮头。为了热爱的电力事业，他倾注了自己的全部心血，他用自己的智慧和汗水书写着中国电建人"走出去"的奋斗历程，用实际行动诠释着"自强不息，勇于超越"的电建精神。他筑起的不仅仅是巍峨大坝，而是电建人的精神体魄；留下的不仅仅是电站座座，还有关于中国的美好传说！

作者：韩国芬　耿兴强　康从钦

海外电力投资高手养成记

——记公司 2015 年度劳动模范徐庆元

　　五下南洋、六赴漠北，丛林探险、荒野求生，从烈日炎炎、风狂雨骤的热带雨林，到冰天雪地、寒风刺骨的大漠草原。

　　这画面像极了武侠小说中武林高手为了练就绝世武功苦苦修炼的场景，殊不知，这其实是海外电力投资市场开发的日常片段。

　　徐庆元是电建海投的元老级员工。如今是公司副总经理的徐庆元拥有 20 多年的从业经历，他的海外市场拓荒故事，精彩程度一点不亚于武侠小说。

穿越雨林，徒步选址

　　2016 年 10 月 25 日，在"千岛之国"印度尼西亚苏门答腊岛上的明古鲁省，一场热闹的开工仪式正在进行，中国电建明古鲁 2×100 兆瓦燃煤电站正式启动。装扮得极富印尼地方特色的仪式现场祈福铜鼓阵响，与会领导手握铁锹，将项目的第一拨泥土埋入地基。

　　眼前的热闹和喜悦让徐庆元感慨万千，早前推动项目落地的艰辛一幕幕浮现。

根据公司的战略布局和市场潜力，印尼被公司确定为电力投资的重点国别市场。这一具有重大战略意义的市场开发重任落到了徐庆元肩上。徐庆元带团队先后5次飞往印尼，最后确定了明古鲁项目作为第一个攻坚对象。

项目有了立项计划，就需要丰富各个细节，其中选厂址是很重要的一环。

为了给电站找个"家"，徐庆元带队穿越热带雨林。印尼的热带雨林就像一个大迷宫，特别是电站所处的目标区域情况非常复杂。队伍一点点地摸索，一点点地前进。

一天，越野车载着团队艰难行进着。突然一个急刹车，全车人傻眼了：前方的路断了。可是根据资料显示，目的地仍在前方。就在全车人一筹莫展的时候，徐庆元决定徒步穿行。可是，同行的当地向导为难地告诉他，前方森林的溪流里可能会有鳄鱼出没。

根据以往的雨林穿梭经验，徐庆元冷静地分析了余下的路程、当前的环境、同行的队伍和装备，他果断决定：可以徒步。

"我们结队行进，小心点，出发！"

他走在队伍的最前面，一路上不停叮嘱队员们拿好防身木棍紧跟前行。路上泥泞湿滑，队里的同事有几次险些滑下山坡，幸好在"小火车"队列的保护下有惊无险。

▲徐元庆（右一）在项目上检查

经过 5 个小时的艰难跋涉，"小火车"终于开到了目的地。

就在这样的丛林探险过程中，徐庆元一共踏勘了十多个厂址，最终选出了最佳方案，比合作方选择的厂址节约投资成本 3 亿元，而且厂址环境优越，大幅降低了投资及运营成本。

厂址选定，他的明古鲁项目"第一关"闯关成功。

商务标第一、技术标第一

接下来，项目的方案一点点成型、一点点完善。徐庆元迎来了下一个难题——项目竞标。

这个项目是在完全开放市场中的自由竞标项目。来自全世界的电力企业铆足了劲投标，大家都看准了印尼电力市场的巨大潜力，希望能在"海上丝绸之路"首站的印度尼西亚市场分得一杯羹。

项目投标的冲刺阶段，恰逢中国农历春节。又是一个不能在家团圆的春节。身处海外的"大侠"们由徐庆元带队，正在全力以赴完善标书。虽说中国电建海外施工建设经验丰富，但是参与自由市场竞标，仍然是让团队备感压力的一项工作。

徐庆元带领着团队不断分析项目数据，并且总结以往的项目经验，将自己的标书一遍又一遍修改，总觉得还可以更好。凭借着这样的执念，他们交出的标书最终取得了商务标第一、技术标第一的成绩。

成功中标！

这是当年印尼唯一一个招标成功的燃煤电站项目，也是中国电建在国际市场上获得的第一个竞标投资项目。

带病指挥，赢得胜利

都还没来得及休息，徐庆元又投入下一轮"硬战"中，商务谈判。

与印尼电力公司投资协议的谈判持续了近 50 天，这其中是公司商务、技术、法律团队与对方的全面角力，整个团队从以前的专项工作升级为团体作战。谈判的每个方面都对今后的项目建设、运营至关重要，作为主要组织者和谈判人的徐庆元，身上的重担可想而知。

仿佛是为了给绝世武艺的修炼增加难度，徐庆元在高强度的谈判工作中病倒了，急性胃炎让他在异国他乡住进了医院。

一方面，徐庆元心里很担心，谈判的关键时期，每个细节都让他放心不下；另一方面，他也很放心，因为他对这场团战很有信心，毕竟团队里的每个人都是他熟悉的干将。

基于海外投资业务的性质和特点，市场开发人员需要具备较高的专业能力和综合素质。平日里只要有时间，徐庆元就会带着团队一起探讨业务，分析国别市场，进行模拟演习，并且把他20多年的工作经验跟大家分享。让他非常骄傲的是，他一手带出的十几个徒弟，如今都在各自领域里独当一面。

在谈判这场团战中，团队成员挺在了前面。他们每天都将谈判场上的内容复盘分析，并汇总重要内容跟徐庆元商讨，然后有的放矢地准备第二天的谈判。

终于，这场硬仗拿了下来，项目的各个协议逐一签署，项目成功落地。按照计划，施工团队很快进厂，热闹的鼓声和人群的掌声，把徐庆元拉回开工仪式现场。

"一带一路"上的"武林高手"

其实，和所有的武林高手一样，徐庆元的成长和修炼经过了很多艰辛。为了更好地开发海外项目，他们常常需要到现场获取一手的准确资料。

有一次，徐庆元带队开发蒙古国一个煤炭项目。为取得煤炭储量评估数据及煤质资料，他带着团队在零下40多摄氏度的极寒天气，在狂风肆虐、滴水成冰的荒漠草原进行钻孔勘探。

还有一次，为了确保投资项目建成后顺利发电，他带人徒步行走在漠北荒原，详细考察当地电网情况，对变电站容量设备及输电线路逐一摸底。

一微涉境，渐成戛汉之高峰；滴水兴波，终起吞舟之巨浪。

其实，所有的武林高手都一样，在他们的心里都有一个大侠梦，都希望有朝一日练就非凡武艺驰骋江湖，借着"一带一路"的东风，在海外电力能源投资市场挥斥方遒。

潮平岸阔，风正帆悬，海外电力投资广阔天地正待翱翔。

高手，请出招。

作者：曲　武　孟　旭

一位"老电建"的担当

——记公司 2016 年度劳动模范黄彦德

又是一个清晨，老挝的太阳还懒洋洋地躲在山后，南欧江的雾气还没有完全消退，南欧江发电公司总经理黄彦德已经洗漱完毕，前往几百米外的办公室。

自 2015 年单枪匹马来到南欧江二期起，黄彦德每天都是最早到达营地的人，在大家上班之前整理好一天的思路是这位拥有 30 年施工经验老水电的习惯。

从 1991 年开始，黄彦德就走出国门，在海外打拼。施工现场的风沙和异国他乡的水土，早已模糊了他的籍贯，用他的话说，"指挥部在哪里家乡就在哪里"。艰苦的海外一线生活，硬生生把他磨成了一个身材魁梧、面色黝黑、声如洪钟、眼光锐利的"黑铁塔"。

南欧江流域位于老挝北部高原，是湄公河左岸老挝境内最大的一条支流。老挝南欧江流域梯级水电开发项目是中国"一带一路"重大倡议和"澜湄合作"国家战略实施的重点项目，是中国电建首个海外全产业链一体化投资建设项目，也是中国企业首次在境外获得的全流域整体规划开发权的项目，项目的建成将有效缓解老挝缺电现状，促进北部地区经济发展。

2015年8月，黄彦德刚加入电建海投，随即被派往南欧江二期负责项目筹建工作。他"单枪匹马"来到老挝，在蜿蜒的南欧江畔，他思绪万千，面对组织的重托，深感肩上责任重大。他马不停蹄投入工作现场，了解项目开发情况、与当地使领馆联系、与当地政府对接，思路清晰，准确定位，迅速进入角色。在很短时间内，完成了机构组建、各梯级电站进场路桥工程、业主临时营地、与政府的各类商务协议文件、主体工程招标、枢纽区移民安置工程招标等一系列的工作，同时也打造出了一支坚强有力的管理团队。2016年4月28日，南欧江二期项目顺利开工建设。

南欧江二期项目包括一、三、四、七共四个电站，点多面广，管理跨度大，施工难度高。有着30多年施工管理经验的黄彦德清楚，要管好项目首先要建制度、明职责，用制度抓好项目管控。他认真梳理参建各方管理职责，

▲ 黄彦德（左一）讲解项目建设情况

明晰管理定位，理顺管理流程，建立权责清晰、职责明确、衔接紧密、配合良好的工作机制。

抓好设计这个龙头。他结合实际制定了设计优化协议、设计优化激励管理办法，促进了设计优化工作的提升，充分发挥设计方的引领作用。抓住现场监督这个难点，设立了监理年度综合与进度节点考核奖励，充分调动监理方的能动性。紧紧围绕工程关键节点，科学合理审批进度计划，及时结算工程款项，通过设立并按时兑现进度节点奖、质量、安全考核奖等激励机制，有效调动各方的积极性，激发各施工单位的活力。

坚持"专业的人做专业的事"之理念。海外项目建设中，安全管理是个重头。他坚持把"要我安全、我要安全、我会安全"管理思路在项目真正落地。在公开例会上，他鼓励大家"比成绩、晒亮点"，让参建各方晾晒施工现场图片，以这种直观方式让参建单位自我加压、自我激励、赶学先进。

"咱是党员，别人都看着哩。"具有20多年党龄的黄彦德是南欧江二期联合党工委书记，工作、学习上他始终都走在前头。

2016年11月，因连日降雨，南欧江流域水位大涨，而南欧江一、三、四级三个电站基坑开挖正在进行。危急时刻，黄彦德冲锋在前，冒雨直奔三级电站现场，统筹指挥一级、三级、四级三个电站防洪抗洪，密切关注汛情发展变化，准确预判，果断下达了撤离命令，并有效组织人员撤离。当天下午两点，洪水迅速淹没了基坑，三个电站未发生人员伤亡和机械设备损失。

某次中国领导人访问老挝前夕，需要提前运送物资，但沿途都是崎岖的山路，又无补给，加之老挝北部山区非传统安全形势严峻，给运送工作带来诸多挑战。如何保障物资按期送达？中国驻琅勃拉邦总领馆首先想到了南欧江发电公司。当黄彦德了解情况后，立即安排沿途各梯级电站最大限度提供食宿和车辆维修保养服务，还把项目部给自己准备的房间腾出来，让运送人员居住。"作为央企，身为党员，为国家出力是我们的责任"，黄彦德说。

从事水电建设30多年，与家人总是聚少离多。"这些年自己东奔西跑，对家庭亏欠太多了。"老母亲最高兴的事，就是儿子带她去逛街，可就是这么简单的小事，他却一再食言。每次离家，老母亲总是满眼期盼与不舍地问"啥时候再回来？"他总是含糊其词地说："很快，就一个礼拜"。无奈，善意的谎言终会被识破。为中国电建事业，对家人的愧疚和爱，都只能深深埋在心底。

作者：高　超　韩国芬　李鹏飞

勇攀高峰不畏艰

——记公司 2016 年度劳动模范李胜会

他工作标准高，事无大小必须认真细致；他工作节奏快，始终坚持凡事日清日毕；他工作思路广，组织策划协调样样出新；他工作能力强，理论深厚写作水平出众……

20 多年来，从技术员到项目经理，从施工一线到总部机关，从行政管理到党务工作，丰富的阅历和岗位历练，使他具备了过人的组织能力和理论水平，更使他养成了精细缜密、沉着干练、严格高效的工作作风。

他就是党委工作部主任李胜会。在公司党委的领导下，他带领党工部紧紧围绕中心，加强文化建设凝心聚力，推动企业宣传连上台阶，党建、企业文化、工会和宣传工作均被集团公司或上级单位先后评为先进，实现了"大满贯"。

精益求精，打造务实高效的党群团队

在党委工作部办公室墙上最醒目的地方，挂着一块牌子，上面是端端正

正的黑体字："今天的事今天办，限时的事计时办；能办的事马上办，琐碎的事抽空办；复杂的事梳理办，分外的事协助办；困难的事想法办，重要的事优先办；个人的事下班办，所有的事认真办"。

多年来，他严格遵守这个规定，也逐渐成为部门的良好传统。李胜会深知，自己的本领再大，再勤奋，凭一己之力，也难以达到好的工作成效。只有打造一个务实高效的团队，才能把公司党委交付的工作开展好，把公司的部署落实好。

以身作则是最好的榜样。工作中李胜会首先"严苛"要求自己，每天都是第一个来到部门，每一项工作都完成得尽善尽美，凡是他经手的材料在领导那都是"免检产品"，这不仅源于他扎实的文字功底，更源于他精益求精的工作态度。

他细心地把握部门每个人的特长，在严格工作标准的基础上，科学分工，为大家搭建了施展个人才华的舞台。有的被称为"PPT专家"，有的成为"微信能手"，有的擅长写宣传材料，有的专攻报告总结。每当说起部门员工的优点和进步，他如数家珍，脸上总是欣喜的笑容。

每一位新来部门的同事，都会有一个共同的感受，那就是紧张的工作节奏和融洽的工作氛围。最开始，大家写出的材料总是会被打回去三五次，他毫不吝惜地传授自己写作的真谛。从文章的结构到用词、到版面格式，总要反复修改几遍，这让每一位部门员工的写作水平，得到了快速的提升。

在他的带领下，整个部门像起了良好的"化学反应"，保持了高效的工作节奏，精品的工作标准，连续两年在平衡记分卡考核中名列前茅，并被评为公司先进部门。部门同事也纷纷获得了"海投之星"、先进工作者、优秀党务工作者、标兵记者等荣誉。

作为一名老党员、支部书记，他坚守党性原则，修身立德，尽责履职，清白做人，干净做事，树立务实清廉的良好形象，他带领的第一党支部连续三年被评为公司先进党支部。

融入中心，激发党建工作最大效能

党建工作，是企业各项工作的生命线。如何贯彻落实好公司党委决策部署，激发党建工作的最大效能为公司发展助力，是李胜会开展工作的切入点和着力点。

面对公司项目分处多个国别、点多面广，组织管控、模式创新、本土化经营与多元文化融合任务重，公司员工来自五湖四海，员工队伍呈现高学历、年轻化、教育背景多样化、多语言环境下工作等特点，他准确把握党建工作重点，坚持融入中心，服务发展，把海外投资业务的重点和难点，作为工作的出发点、着力点和落脚点，在解决难题中发挥作用，在推动发展中创造价值。

为全面加强海外党建工作，公司党委提出了设立卡西姆联合党工委的战略构想。在他的悉心指导和推动下，联合党工委充分发挥了海外党组织在生产经营中的促进作用，进一步放大全产业链一体化的资源整合和聚合能力。卡西姆联合党工委的海外党建经验被国资委《国资工作交流》刊载。

为激发海外党建工作的活力，他确立海外党组织"三三五"工作定位，指导各海外党组织开展主题活动，确保"保证方向、融入中心、管好党员、建好文化、和谐发展"作用的发挥。

2016年3月，中组部和国资委党建工作调研组来公司专题调研，对公司的海外党建工作经验给予高度评价。

创新载体，为改革发展凝心聚力

百舸争流，奋楫者先。五年前，紧随国家"走出去"战略的方向指引，秉承中国电建"全球化"布局的先发优势，公司扬帆启航，开疆拓土，勠力征战，海外业务飞速发展，企业实现了大踏步的跨越。

如何为公司的快速发展提供有力的软实力支撑，是公司党委交给党工部的重要课题。"培育文化，丰富载体，扩大影响，树立品牌"，是李胜会给出的答案。

在公司打造"海文化"的框架下，他围绕建设效益型、品质型、活力型"三型海投"，精心培育以"海文化"为核心的多元素特色文化体系，得到了广大员工的高度认同。经过多年的实践，"海文化"成为企业之魂，引领企业更好"走出去"，促进中国标准、中国技术、中国设备、中国文化融入国际经济生态圈，实现了多元文化的互融共促。他主持撰写的党建课题《以"三型海投"建设为目标的海外特色品牌文化》获得"全国电力行业企业文化优秀成果一等奖"。

为了在国际舞台讲好海投故事，提高公司的知名度和美誉度，李胜会策划了老挝南欧江梯级电站"3+N"专题宣传、尼泊尔上马相迪A水电站、巴基斯坦卡西姆电站投产发电等一系列专项宣传，产生了良好的反响；创刊了《电建海投》杂志并获得"全国工程建设行业优秀报刊金页奖"。《人民日报》、新华网、中央电视台等国家主流媒体60多次宣传报道电建海投发展业绩和经验，为公司发展创造了良好的舆论环境。

几年来，他细心推动公司工会"月月有主题"、志愿服务海外员工、"三送"人文关怀等活动。这些活动深受广大公司员工的欢迎，并已成为电建海投的工会品牌，并先后被授予"全国模范职工之家""中国企业文化建设标杆单位""全国电力行业思想政治工作优秀单位""全国电力建设领域优秀通讯站"等荣誉。

凭借多年努力的优异业绩，他相继获得了"甘肃省新长征突击手""局十大杰出青年"集团（股份）优秀党务工作者""集团（股份）先进工会工作者"等几十项荣誉，主持撰写的多项成果获得行业协会及上级表彰，荣誉证书摞起来得有一米厚。

"荣誉属于昨天，对明天来说，只有更大的责任。"李胜会说，"以党建汇聚企业正能量，以党建凝聚发展合力，为公司的发展尽绵薄之力，为中国电建'走出去'助力添彩，是一名党务工作者义不容辞的责任。"

作者：韩国芬　耿兴强

勇攀高峰不畏艰

█ 开拓市场的先锋

——记公司 2016 年度劳动模范刘正云

2015 年 3 月 31 日晚，热浪滚过夜幕下的巴基斯坦首都伊斯兰堡。巴基斯坦私营电力和基础设施委员会（PPIB）办公室里灯火通明，"中巴经济走廊"首批落地能源项目——巴基斯坦卡西姆港燃煤电站 PPA 协议谈判进行到了最后关头。

"双方确认了吗？"当双方就最后一个问题达成一致，巴基斯坦水电部常秘向双方发问。得到肯定答复后，常秘当场拍板，当即打印协议、双方小签，持续 1 个多月的艰苦努力终于落到了白纸黑字上。作为此次谈判主要负责人之一的刘正云背靠座椅，长长地舒了一口气。

"了不起的中国速度"

"在海外能源投资领域，我算是'半路出家'。"十多年来，刘正云一直从事国际工程承包业务，跑遍世界各地，历经大小"战役"，堪称国际工程承包业务领域的大咖，然而，海外投资业务对他而言却是全新的挑战。

刘正云刚到海投公司时，适逢卡西姆电站主体协议谈判进入关键期，他即被委以重任，参与相关谈判。虽然要立马实现从承包商到投资人、从水电到火电的角色和专业双重转变，但他二话不说，直赴前线，与前方工作组并肩作战。

　　在180多天里，刘正云带领团队与相关方进行了100多次艰难的谈判，尤以IA（项目执行协议）、PPA（电力采购协议）、PQA（土地租赁和港口服务协议）三个协议的谈判最为艰苦。三个协议需要在伊斯兰堡、卡拉奇、拉合尔三个地点分别跟不同的对象谈，三个地点之间的距离加起来超过2400公里。短短一个月内，三个协议都要谈定，经常是早上四五点钟就从伊斯兰堡出发，赶到拉合尔谈判，当晚再赶回伊斯兰堡谈其他协议，当天所有谈判结束，已是子夜时分。

　　当项目主体投资协议签署、前方各项工作逐渐步入正轨，他又立刻回国，投入如火如荼的项目融资谈判中。他与融资团队通宵达旦地工作，快速完成了20余项融资协议／文件谈判，落实了100余项放款条件。仅耗时8个月即实现了融资关闭，且各项指标均优于"中巴经济走廊"同期推进的其他项目，

成为电建集团和口行项目融资模式中融资期最短的项目，被盛赞为"了不起的中国速度"。

"坚持底线思维"

"坚持底线思维"——自投身于海外能源投资事业以来，"海投语录"中的这句管理格言就成了刘正云在海外开疆拓土的一条准则和铁律。

2016年6月29日晚，一封来自肯尼亚副总统办公室的信函送到了中国驻肯大使馆及电建集团的案头，告知肯尼亚副总统代表团将于当年7月初访华，期间有意访问中国电建集团，并见证肯尼亚某火电项目投资协议的签署。

"签署正式协议还为时尚早！"作为跟进该项目的负责人，刘正云接到消息的第一反应就是不能签署正式的约束性投资协议。

原来，早在2016年5月，海投团队就开始跟进这个项目。期间，与原始开发商进行了十几轮谈判，但由于对方商业诉求及预期明显偏高，很难满足电建集团和海投公司的有关规定，明显损害公司利益，最终双方始终未能在商业意图方面达成一致，而且，彼时该项目也还尚未完成全方位的尽职调查工作，不具备签署正式协议的条件。然而，由于该项目受到肯尼亚政府高度关注，肯方有意在当年7月初的高访中使项目落地。

考虑到投资协议涉及多项敏感商务条件，在短短几天的时间内达成一致的可能性较小。刘正云及时汇报并果断建议领导，若对方执意在本次访华期间签署相关协议，建议本次只签署意向性合作的谅解备忘录，待双方就股份转让条件、有关边界条件达成一致后，再签署最终的约束性投资协议。股份公司慎重斟酌后，统一意见，并未因高访妥协商业条件。而合作方经多方评估，肯定了我方的实力及丰富经验，并最终与我方达成了一致。

"底线思维为境外投资及风险管控设置了一道坚实的'防火墙'，也为后期争取更优的商务条件打下了深厚的基础。"在刘正云看来，海外投资电站项目，面临的不仅仅是技术、商务方面的问题，更重要的是对风险的把控和应对。而前期协议是第一道关口，在前期谈判中守住了底线，往往能规避很大一部分风险。

"从 0 到 1"

作为投资管理型公司，良好的投资项目是公司成长的重要支撑。新市场开发犹如莽原拓荒，一切得从无开始、从零起步。而刘正云所做的很大一部分工作就是实现"从 0 到 1"的突破。

为响应公司的战略部署，2016 年新年伊始，刘正云便带领工作组奔赴孟加拉国开展项目寻源工作。10 天内，他紧锣密鼓地会见了孟加拉国有关政府机构、孟国私人企业以及集团兄弟单位等，深入细致地分析了孟加拉国投资环境、电力政策、市场容量、行业结构、投资开发模式、现有同类项目等全方位情况，收获了多个项目信息。同时，还马不停蹄地根据公司相关体系开展项目筛选工作，迅速、准确地定位重点项目。2016 年 10 月 14 日，习近平主席对孟加拉国高访期间，成功签署了某项目的联合开发协议，纳入高访成果。随后，项目推进进入快车道，短短 3 个月内，相继完成了项目考察、预可研、技术方案评审、国别法律及税务尽调、财务模型建立及经济分析、电价测算、现场征地、商务方案评审、项目建议书编制等原本需要半年甚至更长时间方可完成的工作。

2017 年 2 月 28 日上午，项目全套建议书打印装订完毕。看着摆放整齐、包装精美的建议书，刘正云和同事们疲惫的脸上露出了欣慰的笑容。尽管这只是 2017 年孟加拉国市场开拓工作的开端，尽管后面的任务还很繁重，但他和同事们都坚信，2017 年是充满希望的一年。

今日，以"一带一路"建设为代表的区域间双边、多边经贸合作进入了新的发展阶段，电建海投公司也将迎来新的重要发展机遇。现在，刘正云的目标感更加明确，那就是要紧跟公司步伐，以更为专业敏锐的精神，更大的使命担当，去开拓更大的"领地"。

作者：顾 岩 谭 毅

开拓市场的先锋

甘做中国电建海外投资发展的"卫士"

——记公司 2017 年度劳动模范潘韵萍

她是"守卫者"——公司成立 6 年来,她始终脚步匆匆,奔忙在纪检监察最前线,坚定守卫着公司健康发展。

她是"女汉子"——腰部骨折,她绑着钢板深入一线开展工作,山路上颠簸五六个小时硬是一声没吭。

她是"实干家"——她带领团队创新构建"两级效能监察"工作方法,四年间累计完成 75 项效能监察,建章立制 390 余个,创造了显著价值。

她就是电建海投公司 2017 年度劳动模范、纪委副书记、巡察工作办公室主任潘韵萍。

纪检监察工作有着自身的规范性、严谨性和纪律性,尤其是信访线索的处理与办理,政策性高、保密性强,事情具体且烦琐,对工作人员有着更高、更严的要求。

为开展纪检监察工作，潘韵萍带领部门团队做了大量具体、细致的工作，经受过压力、承受过委屈、接受了考验，但从来不叫苦、不叫累，很好地完成了公司党委、纪委安排的几项重要任务。

"做纪检监察工作，要比别人有着更高的要求。"她常常对部门人员这样说。

公司成立之初，部门仅有2人，人手紧张的现实让潘韵萍既当"主帅"又当"士兵"，时时身处第一线。一次下班后乘公交回家时，一个突如其来的急刹车让潘韵萍腰部受伤。为不影响车内秩序和车辆正常行驶，她咬紧牙关，自己用手紧紧扶住腰部，一直坚持到下车，才让家人送自己去医院，差点错过了最佳治疗时间。后经检查，腰部骨折，必须住院治疗。

部门刚建立，工作千头万绪，人手又少，潘韵萍哪能安心住院？常常是一边挂着吊瓶，一边看文件，查资料、起草制度、批阅文件……时不时还电话"遥控"部门员工开展工作，俨然在病房建立了"临时办公室"，同屋的病友也对她的这种拼劲儿赞赏有加。

鉴于病情状况，医生建议治疗休养三个月，她心里暗暗着急，"三个月？部门刚成立，工作怎么办……"一月之后，刚能下地走动，她便绑着钢板腰带，早早回到工作岗位。

当时，公司已对老挝片区4个项目进行了效能监察立项，为了能让效能监察工作开好头，她绑着钢板腰带就到项目去了。

项目之间路途较远，山路崎岖，车辆颠簸得像海浪中的一叶扁舟。在项目之间3次"转场"时，她双手紧紧抓住车内扶手，尽量让身体保持平衡，以减轻腰部晃动，五六个小时行程下来，双臂早已僵得收不回来……但这过程中她一声没吭，同行的人都不知道她腰伤的事。

作为总部部门领导，潘韵萍积极践行"服务、指导、监管"总部建设6字方针，赢得了广泛认可。

"项目一线的同志很辛苦，我们到项目上，就是利用我们的专业优势，为项目服务，帮助他们发现问题，解决问题。"每次去项目，潘韵萍都精心准备，

▲潘韵萍（中）在项目上开展工作

"一揽子"同步开展廉洁教育、日常谈话、责任制考核、业务培训、效能监察、民主测评等八九项工作，为项目开展纪检监察工作提供了有力帮助。

"说实话，以前我也对效能监察认识不清、理解不够，多少有点抵触。但是，经过潘主任一遍遍耐心讲解，我们尝试着做了这次效能监察，消除了一起重大安全隐患，可以说尝到了甜头，很受益。"2016年2月24日，在一次工作交流会上，南欧江流域公司负责人深有感触地说道。

公司项目均在海外，监督远、监督难、监督环境复杂成为实际问题。经过五年多的努力，她带领纪检监察部门逐步探索形成了公司总部＋海外子公司的"两级效能监察"工作方法，工作价值逐步显现。2013—2017年共完成75项效能监察，提出建议800余条，建章立制390余个，有力促进了中国电建海外投资业务发展。

如果说"两级效能监察"是一种监督联动，那审计工作便是一种服务保障。

开展内部审计时，她带领部门以风险控制为导向，结合实际定目标、抓整改、提实效。2013—2017年，完成离任审计、内控审计、过程跟踪审计、财务收支审计等不同类型审计项目18项，在内控、财务、造价、合同等方面发现324个审计问题、提出建议235条。

在接到上级审计任务时，她第一时间上下沟通、亲力亲为，定分工、定责任，迅速推进具体工作。至今，圆满完成十余次上级审计工作，受到肯定。

"宝剑锋从磨砺出，梅花香自苦寒来。"目前，公司审计监察部门建设和力量培育均实现了质的发展，尤其是面向海外项目的审计监察实现了重要提升。

连续3年，公司获得中国电建集团"贯彻落实党风廉政建设和反腐败工作责任制先进单位""优秀内部审计项目二等奖"，连续2年获评内审工作先进单位；审计监察部/纪委办公室被公司评为2016年度先进部门。潘韵萍先后获评公司"优秀共产党员""优秀党务工作者""管理提升先进个人""劳动模范"等。

"没有公司这么好的平台，个人本事再大，能做出多大成绩。我们要倍加珍惜、要懂得感恩！正确运用公司赋予部门的监督权力，扎扎实实把每件事情做好！"潘韵萍时常这样勉励自己，也鼓励着部门的每一个人。

这就是潘韵萍，一位勇做公司海外投资业务健康发展的"卫士"！一位忠诚干净、勇于担当的模范！

作者：何志权

甘做中国电建海外投资发展的「卫士」

为海外投资业务融资造血

——记公司 2017 年度劳动模范吕毅

对于海外投资业务来说，海外融资能力建设和资产运营管理平台打造是关乎企业发展的重要内容。资金好比海外投资的血液，而吕毅的工作就是带领资金管理部为公司业务发展提供资金保障，融资造血。

基于资金管理工作的重要性，公司领导对此高度重视并提出了明确指示。吕毅带领资金管理团队积极响应股份公司和海投公司各项管理要求，以降本增效、优化融资结构为核心，扎实有序开展公司各项资金管理工作，为公司资金链安全提供坚实保障。

建筑类央企的资金工作有两个共性的难题，资金紧缺和资产负债率较高。电建集团作为"一带一路"建设中多个大型项目的投资建设者，同样需要严格把关以上两大难题。因此，传统的追加注资以解决境外项目资本金问题的方法，对海投公司来说并不是上策。

考虑到境内较高的融资成本和电建集团较好的国际评级，电建海投创新融资方式，通过在香港发行美元永续债进行融资，成功发行一次 15 亿元人民币债、两次 5 亿美元永续债，其中 2017 年发行的 5 亿美元永续债首期票面利率仅为 3.5%，在美元加息周期的大背景下，成功节约融资成本近 9500 万元人民币，截至目前保持央企同等条件下境外美元永续债成本最低纪录。

在这次发债过程中，他协助公司领导，"坚持专业的人做专业的事"理念，牢牢把握发债工作以我为主、专业机构为我所用原则，在债券发行吹风价及最终定价过程中，结合专业承销机构意见和现场情况的变化，主动做出分析，大幅下压价格，最终债券成本取得了超出预期的低价。

2017 年，实现老挝南欧江二期项目和印尼明古鲁燃煤电站项目融资关闭是公司两项重大年度任务。

此次两个项目的融资工作，首次由资金管理部牵头开展。吕毅带领融资团队挑起大梁，梳理复杂的工作流程，逐项协调银团与国内外各项工作。在南欧江二期融资关闭的最后阶段，他与融资团队为解决银团的 16 个整改问题，有时候甚至彻夜不眠，努力完善文件，在预定融资关闭前几个小时终于为所有工作画上圆满的句号。

在这两项融资工作中，吕毅与公司领导保持着密切的沟通汇报，按照领导指导创新性开展境外项目融资竞争性磋商，带领项目融资团队一边摸索、一边实践、一边总结。渐渐地，公司作为资金需求方，在融资方案谈判中提出的诉求越来越受到银团重视，成功平衡了银企双方的利益关系，实现了银企共赢。

为海外投资业务融资造血

吕毅常说，每一项重大专项工作办完后都要及时进行复盘，这样才能更好地总结经验和教训，让这些经验和教训刻进脑海，变成身体的一部分，以后遇到问题就会条件反射一样想到解决措施。

因此，老挝南欧江二期项目和印尼明古鲁项目融资关闭后，他及时组织部门进行复盘，编写了《项目融资工作流程执行指引手册》和对应项目的《项目融资协议执行手册》，让宝贵的经验在后续工作中得以借鉴，让犯过的错误不再重复发生。

在公司领导的统筹指挥下，他带领资金管理团队撰写了研究课题《海外投资企业境外资本市场超低成本债券融资管理》，获全国国有企业财务管理创新成果与论文一等奖；《国际工程承包与海外投资业务融资》课题获中国企业改革发展优秀成果二等奖。

2017年，公司的资金管理工作得到了股份公司的认可和表彰，在股份公司组织的评比中，电建海投公司连续两年获得"资金管理先进单位"称号；完成股份公司各项指标要求，获得了"资金集中管理达标企业"称号，资金管理部获得"资金集中管理先进部门"称号。

在团队取得成效的过程中，吕毅也凭借过硬的专业素质，成功解决一个又一个资金管理工作中的难题，荣获2017年度电建股份公司"资金管理先进个人"、电建海投公司2017年度"劳动模范"称号。

作者：孟祥善

用奋斗点燃青春 逐梦"一带一路"

——记公司 2017 年度劳动模范何时有

2017 年 11 月 29 日，中国电建投资建设的"中巴经济走廊"首个落地能源项目，巴基斯坦卡西姆港燃煤电站首台机组发电仪式在电站隆重举行。

主席台上花团锦簇，象征机组启动的水晶球亮眼夺目。巴基斯坦总理阿巴西，中国驻巴基斯坦大使姚敬，中国电建董事长晏志勇，卡塔尔 AMC 公司董事长贾西姆、电建海投董事长盛玉明等"大咖"悉数出席。

在人群中穿梭忙碌的还有一个高高的身影，他一直跟在领导身后，用娴熟的英语担任翻译和活动仪式指挥协调工作，他是卡西姆项目副总经理何时有。

外语水平高、业务能力强、专业理论扎实、组织协调能力好、工作认真负责、有大局观、执行力强，拥有丰富的海外工程投资协议、商务、融资管理经验，是从事海外市场开发和建设管理的中流砥柱和骨干力量。

这是大家对何时有的一致好评。

1984 年出生的何时有自离开校园就投身于海外电力投资事业，8 年来，他先后经历了老挝南俄 5 水电站、老挝南欧江水电站、巴基斯坦卡西姆港燃煤电站项目的驻外工作。

在老挝工作期间，何时有得到了快速成长。老挝南欧江梯级水电开发项目是"一带一路"倡议、"澜湄合作"的重点项目，也是中国电建第一个在境外获得整条流域开发权的水电 BOT 项目，备受中老两国政府关注。

在水电站建设最关键也是最困难的 2013 年，何时有和团队面临推进融资工作的巨大压力。

南欧江一期工程项目融资银行提出了 70 多条融资关闭先决条件，其中需要在老挝境内完成的最重要的是政府许可、国会批复和司法部法律意见书，鉴于以往经验，要想完成这三项工作，至少需要一年多的时间。

为了尽快实现融资关闭的先决条件，争取早日获得银行放贷，作为老挝境内融资团队负责人，何时有仔细分析了面临的形势和问题，对团队进行了科学的部署。他精心组织，科学部署，兵分三路，分别紧盯总理府、国会和司法部，全力配合国内资料汇总。

▲何时有（左一）在与外方会谈

他每天上班前就提前守在国会门口，陪着国会负责审核资料的官员一同上班，随时耐心地对提出的问题进行解释答复，并连夜对资料进行补充、修改和完善。

一段时间后，这位负责资料审核的官员真诚地说，"你是我见过工作最努力的年轻人"。

最终何时有带领的团队完成了这三项重要批复，使首笔贷款顺利发放，保证了项目的顺利进行。

2014 年 2 月，何时有结束老挝的工作回到北京。10 天之后，他又踏上了前往巴基斯坦卡西姆港燃煤电站的旅程。

卡西姆港燃煤电站是"一带一路"倡议下"中巴经济走廊"优先实施项目，受到中巴两国政府的高度重视与关注。该项目也是海投公司首个海外火电投资项目，面临没有先例可循、两国政府支持政策尚未明确等诸多困难，商务工作任务之艰巨不言而喻。针对巴基斯坦当地特殊的政治环境，电建海投公司盛玉明董事长要求，项目协议谈判要坚持底线思维，必须做到合法合规，要想尽一切办法推动项目进展。

在项目开发伊始，他一个人在伊斯兰堡负责与巴基斯坦政府部门对接。万事开头难，所遇到的困难之多远远超出了他的预期。由于巴基斯坦现有的燃煤电站投资开发相关法律规定和合同架构体系中的标准协议文本，基本照搬之前的油气电站模板，其法律规定和合同内容并不适于开发进口燃煤电站项目，投资人必要的特许经营权和法律保护未列入其标准合同。

为了最大限度地控制风险，保证投资收益，何时有带领团队与巴政府、购电方、电监局等政府部门开展多轮谈判，同时积极与中国国家能源局、中信保、进出口银行等机构保持紧密联系沟通，争取得到国务院及各部委的关注和支持，力求通过各个渠道促使巴方修改相关政策规定、法律协议、标杆电价等，以化解风险。

正当谈判工作进入最关键时刻，巴基斯坦反对党在全国范围内组织举行了大规模游行示威，好不容易走上正轨的项目协议谈判被迫中断。

反对党游行示威风波一过，何时有就立刻组织重新启动"三大协议"谈判。谈判桌上往往是唇枪舌剑，气氛难免焦灼，对方有时会用激烈的言辞，试图让我方放弃诉求。

"一定要克制，要理智，哪怕对方再无理，再偏激，咱们也要有'海纳百川'的胸怀，以情动人，以理服人，展现出咱们电建人的风度！"他正是凭着百折不挠的毅力、不卑不亢的态度，赢得了对手的尊重，谈判重新回到正轨。

为了赶在国家主席习近平访问巴基斯坦之前完成协议谈判，他带领团队与时间赛跑。"苦心人天不负"，在经历了无数挫折和磨难之后，终于在2015年4月初圆满完成了《购电协议》《实施协议》等重要协议终稿。4月20日，在中巴两国领导人的共同见证下，中国电建与巴基斯坦国家电力公司完成了协议签署。

他说，"因为喜欢，我不后悔自己的选择，因为热爱，我将继续坚持"。电建海投以"海纳百川"的气魄为年轻人创造了宽广的舞台，唯有常抱感恩之心，保持与时俱进、开拓创新的精神状态，兢兢业业、脚踏实地做好每一项工作，干好每一个项目，义无反顾、青春无悔！

作者：韩国芬　康从钦

待到山花烂漫时，她在丛中笑

——记公司 2017 年度劳动模范盛永梅

"我希望'新能源业务''发达国家市场'这两个关键词，能够尽快出现在公司的业务板块上。"说完这句话，盛永梅的脸上露出了灿烂的笑容。

盛永梅人如其名，无论工作还是生活，都自有风骨。她被同事称为"铁娘子"：有实力、有魄力，敢为人先，以项目为平台，开拓发达国家市场；有热情、有耐心，刻苦钻研，深度解析自由市场竞价模式下的电力销售，突破了对售电模式的认知壁垒；有责任、有担当，持之以恒，通过参与高端行业峰会、论坛，搭建公司业务"人脉网"，努力提高电建海投在海外高端市场的认知度。

在生活中，她是家里的主心骨，是女儿眼中"无所不能的妈妈"，也是父母身边老有所依的孝顺女儿。

劳模是一个时代的人文精神，是人生价值和思想道德的取向。它不仅是严肃又认真的工作成果，同时也是凝重而浪漫的思想与情愫。这种刚柔并进的力量，让盛永梅在海外投资的工作中，实现着自己的人生价值。

过境三番，扎根沃土

盛永梅在电力行业有着十几年的从业经验，从投资、并购到电网运行，对于电力行业的整体把控能力，是她独特的优势。在海投工作期间，她先后在三个部门任职，更让她对于公司的发展方向和战略布局有了深刻的认识。

进入投资三部，盛永梅结合之前对能源市场长期深入的研究与思考，将目光投向了新能源业务。

"新能源业务是电力能源类企业未来的发展方向，中国电建集团晏志勇董事长在 2017 年电建集团工作会上也明确指出，要'高度重视新能源在国际业务转型升级方面的重要作用，在有条件的国别尝试新能源项目投资建设'。水电火电是海投的强项，如果能再多结合新能源相关业务，将会使公司业务更多元化，更具备国际竞争力。"盛永梅在工作总结中写下了这样的思考。

带着这样的使命感，同时经过专业化的审慎核查，盛永梅在长期跟踪的发达国家市场和项目中，选择了澳大利亚牧牛山项目作为突破口。

澳大利亚市场是公司的空白地，为了更深入了解澳洲电力市场，2017年，她先后 5 次赴澳大利亚，积极主动与澳联邦工业部、环境及能源部以及

▲盛永梅（前排中）与有关方会谈

目标项目所在州的州政府建立联系。同时，她积极主动向各方推介海投公司的实力与业绩。在一系列精准布局，层层撒网之后，盛永梅看准了有着不俗成绩的合作伙伴，助力公司拿下澳大利亚的第一单：塔斯马尼亚州牧牛山风电项目，为公司突破澳大利亚市场、进入新能源领域的战略布局迈出重要一步。

细心灌溉，破土而出

澳大利亚对于外来投资者采取"热烈欢迎"却又有诸多限制的政策，严苛的外商投资审查、高标准的环保要求等，这每一项都是摆在盛永梅面前的难题，并且是无法用老方法解决的新问题。

"这次真的是在'干中学，学中干'。"盛永梅针对项目推动中的每一个具体难点，找到了相对应的解决方式，点对点逐一击破。

为了通过严苛的外资审查，盛永梅找到了与外商投资密切相关的当地机构，并促成机构相关人士来到海投公司，让对方在了解海投实力的基础上明白公司进入澳大利亚市场的决心。澳方人员在会议之后表示，通过深入交换意见，他们明确了在促成项目落地时该做什么事，能做什么事，怎样做才能帮助海投顺利通过审批。"在一个陌生的市场，必须有足够的本土支持才能顺利进入，项目才能有实质性的推动"，盛永梅说，"使巧劲儿，不做无用功，才能跟得上发达国家的节奏。"

事无巨细，上下求索，这就是盛永梅的工作态度。"'心想事成'，这是公司领导鼓励我的话，不畏困难、锲而不舍、全力以赴地去做，一定会成功。"

"等到我们的平台筑稳，就可以有更多机会去选择，借力打力是暂时的，自力更生才是正道。"

自知、自信、自强、自胜，这是盛永梅鼓励自己的话，无论任何事情，都不可能一帆风顺，面对这些，盛永梅笑着说："只要脑子好使，不放弃，全力以赴，就会'心想事成'吧。"

作者：何　珊

待到山花烂漫时，她在丛中笑

247

光荣的事业　精彩的青春

——记公司 2017 年度劳动模范侯忠

在水利电力建设事业这片沃土上，他已经辛勤耕耘 20 多个年头了。

从最基层干起，历经多个岗位的艰苦磨炼，他一步一个脚印地走上了领导岗位。

工作中，他积极进取、恪尽职守，敢于迎难而上；素质上，他政治强、专业精、能力突出。

他就是中国水电—萨格玛塔电力有限公司副总经理、总工程师兼工会主席侯忠。

上马相迪 A 水电站，是电建海投公司采用 BOOT 模式投资开发的项目。项目开工以来，可谓困难重重。不仅自然条件异常艰苦，道路崎岖，路途遥远，材料、设备都要从国内运入，雨季施工难度相当大，而且面临征地难、停电协调难等多重困难。2015 年尼泊尔 8.1 级大地震、印度非正常口岸封锁禁运等，更是给项目建设雪上加霜。

为迅速熟悉电站建设，侯忠刚到尼泊尔就一头扎入现场，常常通宵达旦，很快，他便对电站情况了如指掌。为保证金属结构、机电安装等工作按节点目标完成，他经常泡在施工一线，废寝忘食，与参建单位一道剖析现场施工存在的问题。针对现场管理薄弱、投入资源不足、施工安排不合理等问题，侯忠大胆提出明确关键路线、合理调配资源、改进施工方案等措施和建议。

在他与团队的共同努力下，参建单位昼夜奋战，一个个关键节点如期实现：2016年4月23日1号机转子吊装完成；5月30日，大坝进水渠闸门等安装和调试完成；6月6日，2号机转子吊装完成……

要实现机组成功启动，必须完成各种厂内试验。侯忠不顾连续工作的疲劳和病痛的折磨，坚持身在一线，时时掌握第一手资料，第一时间解决施工过程中遇到的各种问题。手动开停机、自动开停机、发电机组及主变升流……一系列试验全部顺利完成。2016年8月1日，电站首台机组一次启动成功，现场尼泊尔独立工程师也佩服地竖起大拇指。

历史性时刻终于到来。2016年9月26日，电站首台机组并网发电，清洁电能被源源不断地送往尼泊尔首都加德满都，为加德满都提供了10%的用电量，为尼泊尔首都拉闸限电的历史画上了句号。

"上马相迪Ａ水电站为外资进入树立了榜样！"尼泊尔能源部部长嘉纳丹·沙玛在见证首台机组发电时由衷地称赞。

▲侯忠（左一）在项目检查

2016 年 12 月，尼泊尔副总理兼财政部长马哈拉·科瑞斯纳·巴哈杜尔到电站考察，见到干净整洁、管理有序的电站现场，不禁称赞道："非常了不起，我非常满意。"

2017 年 1 月 1 日，电站正式进入商业运营。作为中资企业在尼泊尔投资运营的第一个水电站，是否"能发电、发好电、能送电"，是摆在电站面前的一个重要课题。

尼泊尔国家电网比较脆弱，溃网频繁，平均每月溃网 10 次以上，对电站设备冲击损害较大。

为避免尼泊尔电网频繁崩溃对电站设备冲击，保障电站设备安全可靠运行，侯忠组织技术人员查资料、找方案，昼夜不停地进行推算对比验证，最终找到了科学的运营方案，有效减少了电网崩溃对电站高压设备的冲击。

为保证电站安全稳定运行，侯忠大力推进项目公司与运维单位制度建设，建立规范的管理流程和操作规程，组织完成了 287 篇标准的编制，顺利完成标准化体系的建立和发布，使标准更接地气，更具可操作性。

严格管理换来丰硕成果：2017 年电站实现连续安全生产 488 天，上网电量完成 PPA 合同电量的 117.89%！

2017 年 7 月 16 日，尼泊尔国家电力开发署对上马相迪 A 水电站进行表彰，并将电站照片作为尼泊尔国家电力开发署年度报告书籍的封底；

2018 年 1 月 1 日，尼泊尔主流英文媒体杂志《加德满都邮报》撰文并配发电站照片，充分肯定电站为缓解尼泊尔供电压力所做贡献；

2018 年 1 月 29 日及 2 月 22 日，尼泊尔国家电网调度中心、尼泊尔国家电力局分别来函，表扬水电站为尼泊尔国家供电需求做出了巨大贡献……

"感谢这个时代，能让我在'一带一路'建设中留下青春的印记，这才是无上的光荣！"面对各方褒奖，侯忠有自己更看重的价值。

作者：杨 杰

南欧江项目的"土家"劳模

——记公司 2017 年度劳动模范张华南

张华南是位土家族汉子，皮肤黝黑但帅气干练，参加工作 20 多年来，先后参与过大潮山水电站、小湾水电站、溪洛渡水电站、龙开口水电站等国内知名大中型水电工程建设，在水电建设行业堪称"战功累累"。2017 年，他成了南欧江项目最年轻的劳模。

作为项目经理，他管控细致

俗话说"无规矩不成方圆"，在电站项目部成立之初，张华南紧盯重点打好基础。组织制定了各类规章制度，做到遇事有分工，做事有章循。在发挥中国电建业主、设计、监理、施工"四位一体"组织管控作用上，他抓住参建各方职责及协作关系，做好统筹协调，强抓项目进度、质量、安全、环保、成本"五大要素"管控，在他的高效组织和推动下，各个施工节点目标都比合同工期提前。"项目组织有序、措施到位、外观质量好、设施规范，是同规模、同类型、同阶段中的上品，让我重新认识了海外水电，而且这个带头的项目经理还很年轻，点赞南欧江项目！"这是国家能源局水电工程质量监督总站薛建峰检查南欧江一级电站工作时给出的评价。

张华南经常强调："电站紧邻琅勃拉邦、紧靠老挝交通大动脉13号公路，要周密考虑电站对外部的影响因素，一举一动都在众目睽睽之下，不能侥幸，不能蒙混过关，不能有负面信息，我们要用工程形象面貌的事实说话。"在电站砂石系统建成之初，由于辉绿岩特殊的生产方式，系统生产制造出大量粉尘。看到这种情况，他睡不着觉、吃不下饭，果断下达停产令，与监理部、承包商商量对策，采取措施将砂石系统产生粉尘部位全封闭，安装吸尘设备及喷淋系统，污水采取三级沉淀循环利用。经过长达两个月的停工整改，既达到了粉尘污水零排放的良好效果，还电站周围一个绿水青山，又取得了工艺技术创新，得到了周边村庄群众的点赞，也得到了老挝政府国家环保部、琅勃拉邦省环保厅的高度评价。

作为基层支部书记，他敢于担当

"大家都在看着我，联合党支部责任重大啊！"作为基层支部书记，他对肩上的责任认识很清楚，积极围绕电站建设这个中心抓党建。

在施工现场，他针对质量和安全重点管控部位设立党员示范岗和责任区，并策划开展了"四强党支部、争做四优共产党员"活动，将一级电站联合党支部划分为四个党小组，在开展好"月月有主题"活动的同时开展支部创优活动。

为确保完成"5·31"度汛目标，他组织党员进行技术比武、劳动竞赛。为顺利实现大江截流任务，他组织党员宣誓，要求共产党员冲锋在最前面。2016年11月10日，一场枯水期大洪水突袭南欧江，险情不断发生。他及时启动一级电站防洪度汛应急预案，在磅礴的大雨中带领参建各方抢险，有序撤离人员、设备，将损失减少到最低。"作为联合党支部书记，我要更沉着应对危急险重情况，该担当和挺身而出的时候，义不容辞地冲在最前面。"他用行动为大家做出了表率。

▲张华南（右一）接受老挝政府表彰

在政治理论学习上，他紧跟步伐，不断强化个人自学。从"三严三实"到"两学一做"，再到深入学习贯彻党的十九大精神，每一次他都主动走在学习的前列。他善于把企业文化、形势任务目标教育和个人价值的实现融合起来做党员和员工的思想政治工作，增强员工的使命感、责任感、荣誉感，使他们自觉寻找公司发展与个人成长的结合点，主动增强工作学习的积极性。在他的带领下，项目部始终充满敢于挑战、勇于拼搏的氛围。

作为工作同事，他是好榜样

做事一丝不苟，雷厉风行，是同事对他最多的评价。他有丰富的项目经验，深知电站建设容不得半点马虎，更出不得一次事故。以前在施工单位做项目经理，他严格管理，让分包队伍施工质量有保证，施工安全无事故。如今作为投资方的项目经理，"安全零事故、质量零缺陷、环境零污染"依然是他对电站建设的硬要求。

他常说："严是爱，松是害，松松垮垮搞不成精品工程！"他这样说，也是这样做的。他经常深入施工现场，亲自纠正违章作业现象，同时要求参建各方必须加强自身能力培养，提升自身素质。在习惯性违章方面，他更是要求责任部门和人员下大力气治理。

项目建设过程中，承包商使用了大量老挝籍员工，由于生活习惯，老籍员工经常穿拖鞋上班，这是施工现场的安全隐患。他发现这种现象后，果断整治，否则不准继续施工。为此，承包商立马采购了 800 双工作鞋配发给外籍员工，严格施工生产纪律，杜绝了穿拖鞋上班的不良习气。

作为"家庭"主心骨，他是暖心的依靠

工作上的严苛并不影响他在生活中的活泼与体贴。在项目这个大家庭，每逢大小节日或员工生日，他都与大家一起活动。他了解水电人舍"小家"顾"大家"的付出，他也经常以兄弟姐妹称呼大家。夏日里，他组织为一线"送清凉"；员工遇困难时，他组织参建各方伸出援助之手，积极捐款相助，让每一个参建者都能找到归属感。大家有难题找到他，他都会说："放心吧，问题总能解决，我们一起想办法。"仅此一句就能让人安定和温暖许多。

大江截流是电站的重要节点，责任重大。本来早就该他休假，可为了截流任务，他毅然推迟休假，也得到了妻子及家人的理解，有了家庭的支持，他更有了干好工作的信心和决心。他说："作为水电人走南闯北，在外干事业，都不容易，亲人的理解和信任最可贵，要处理好工作与家庭关系，做到家和万事兴。"

"不忘初心，方得始终。来南欧江的初心就是脚踏实地干事业，在一级电站筑梦、圆梦，把一级电站打造成中国电建的一张亮丽名片。"在很多场合，张华南的这番话都说得掷地有声！

作者：桑文林　郑连涛

在电建沃土绽放青春风采

——记公司 2017 年度劳动模范顾岩

广阔丰饶的大地让花儿得以纵情怒放，团团簇拥的花朵让这片土地更加绚烂多姿。顾岩，这位面容清丽，行事干练，总是神采奕奕的"80 后"职业女性，正是海投公司这片兼收并蓄、生气勃勃的土地上绽放出的一朵美丽而充满力量的花，她是海投一步步成长壮大的亲历者，也是"海投梦"的筑梦人。

生根

水电技术专业出身的顾岩，从小就是一个出类拔萃，巾帼不让须眉的"花木兰"，骨子里没有一丁点儿怕苦怕累的娇气。2008 年，入职不久的顾岩被派往泰国常驻，当时正值东南亚工程项目井喷式爆发，高强度、快节奏的工作让身兼数职的顾岩迅速褪去初入职场的青涩。

难以数计的项目筛选、投标、谈判，塑造了顾岩高效干练的做事风格，也锻造了她对市场开发的高敏锐度和全流程把控力。凭借着勤勉好学的态度和不服输的个性，顾岩作为项目主要负责人成功跟进中标多个标杆性项目，成为市场开发工作中独当一面的年轻行家。

破土

2014年4月，刚休完产假的顾岩作为骨干力量加入巴基斯坦卡西姆港燃煤电站项目的推动工作。该项目是"中巴经济走廊"旗舰工程。顾岩带领团队以雷厉风行的作风和志在必得的气势圆满完成了一个个曾被认为是"不可完成的任务"。

项目由海投公司和卡塔尔王室共同投资建设，涉及多国多地，纷繁复杂。顾岩审时度势，筹划在前，主动协调，字斟句酌整理汇编出超过20本针对不同专业、内容翔实的投资文件，为公司的科学决策提供翔实有力的支撑。局外人往往惊叹于卡西姆项目逢审必过的速度甚至"运气"，但只有身处其中的人才知道这是多少个日日夜夜苦心钻研的打磨铺垫、稳扎稳打，才最终迎来的水到渠成、柳暗花明。

2015年4月，在习近平主席对巴基斯坦进行国事访问期间，卡西姆项目成功签署投资协议，项目融资这场更为艰巨的硬仗接踵而来。国际上同体量的项目融资周期通常长达一年半至两年。为了赶超进度，顾岩带领团队建立起企业—银行—信保三方高效合作沟通机制，按照9个月的融资期倒排工作计划，不分昼夜对接各个机构，最终获得集团乃至"中巴经济走廊"中承保范围最广、政策最优的信保保单。

2015年12月24日圣诞节前夕，卡西姆项目顺利获得首笔共2亿美元的贷

款发放，成为"中巴经济走廊"项下首例完成融资关闭的火电投资项目，被巴政府高度评价为"了不起的中国速度"。

顾岩的办公桌上摆放着儿子的照片，她说每次工作到疲倦时只要瞧一瞧，就觉得如同回血一般浑身充满干劲。为了多陪陪孩子，顾岩恨不得每秒都掰成两半用，靠着提高工作效率来尽可能压减加班时长。夜里把孩子哄睡后，她再接着工作。顾岩的团队早已对她夜半三更还在工作组里反馈文件意见、布置任务习以为常，因为大家都知道这位超人妈妈在跨时区战斗。

绽放

花朵静静绽放，岁月隽永留香。顾岩以百倍的努力写就锐意奋进的最强音，先后获得集团"青年岗位能手"，公司"先进工作者""优秀党员"等荣誉，成为青年争相学习的模范标兵，她满满"正能量"的人生态度和高度的责任感也深深感染了身边的每一个人。

顾岩个性通达乐观，常常是人群中笑声最爽朗的那个。她总说良好的情绪是保证工作效率的前提，每当项目处在最关键紧张的时期，顾岩都会披坚执锐带领团队争分夺秒。尽管连夜赶报告、深夜开电话会是家常便饭，但高涨的激情、澎湃的热血在这个团队里从未有一丝散却。

"不论做什么工作，始终要把自己作为第一责任人。"海外项目开发的每个步骤环环相扣，容不得一点纰漏，只有每个人以主人翁的责任意识履行职责，整个团队才能爆发出巨大的能量。正是在顾岩的这条金科玉律影响下，团队被打造成一个友爱和谐的大家庭，一支极具凝聚力、向心力、战斗力的队伍。

在海投这片宽广丰沃的土地上，奋进的号角已经奏响。在中国电建的沃土上，顾岩的青春在热情绽放。

作者：赵　月　郝佳彬

保尔·柯察金说："人的一生应该这样度过：当他回首往事的时候，不因虚度年华而悔恨，不因碌碌无为而羞耻……"

在卡西姆项目，一批年轻人成长起来；

在老挝，寡言少语的"80后"小伙修炼成了一名"金牌翻译"；

在漫漫的印度洋上，"旱鸭子"也练就了长期海上监船的胆量……

无数的青年在"一带一路"的壮丽事业中成长、成才，

他们在挥洒汗水的同时，不断地炼智、炼技、炼心、炼魂。

成长

CHENG
ZHANG

卡西姆项目伊堡办的青春梦想

（一）

"在海外常驻，特别是青春年少时期，长年累月在异国他乡工作，远离亲人和朋友，是一种怎样的体验？工作辛苦，条件艰难，环境恶劣，这些都是外在的，而让人感到内心幸福、坚守这一选择并为之奋斗的，又是什么？"

"经过 8 年时间的常驻，我觉得我找到了答案，那就是 be part of something bigger than yourself，努力成为一个比你自身更为宏大事物的一部分。"

"怎样才能追求这种高级的幸福？我觉得，就是要全身心融入所在的团队和组织，就像公司的管理理念海投语录所说，'组织可以让平凡的人成就不平凡的事业，让优秀的人更加优秀'。"

——摘自何时有的日记。

（二）

何时有，今年34岁，从事海外投资开发商务工作已有8年时间。现在，他是中国电建投资兴建的巴基斯坦卡西姆港燃煤电站伊斯兰堡办公室（伊堡办）的负责人。

2014年2月，加入卡西姆项目前10天，何时有刚结束老挝南欧江项目的常驻。南欧江项目是中资企业在境外首个获得整条流域开发权的项目，卡西姆则是"中巴经济走廊"能源类优先实施项目。能加入这种承载着重要意义、有着重大影响的"宏大事物"，何时有觉得自己非常幸运，满怀感恩。

如今，何时有已经是公认的青年骨干，曾获得2015—2016年度中央企业青年岗位能手和中国电建第三届"十大杰出青年"。他负责的伊堡办是卡西姆项目公司的对外窗口，承担了项目协议谈判、股东合作、融资保险、财税法律、对外联络和协调等工作。

团队平均年龄28岁，这支年轻团队的专业背景涵盖经济、法律和工程，拥有"复合型"的知识结构，他们协助项目成功解决了一个又一个难题。

在融资工作中，伊堡办协助项目成为中国电建和进出口银行历年推进的项目融资模式中融资期最短的项目。

在风险管控工作中，团队准确研判2017年中东政治局势风险，成功开立在香港的3个离岸账户，成为合作银行批准开立离岸账户的第一家巴基斯坦公司和第一家迪拜公司，有效规避了项目资本金通过迪拜注入的风险。

在对外公关工作中，团队在500KV永久送出线路建设迟缓情况下，推动巴方突破行政壁垒完成132KV临时线路接入，解决了项目调试用电的燃眉之急，并在电站投产发电前促成永久线路建设完成，规避了发电却不能送电的巨大风险。

（三）

肖欣是最早加入伊堡办的成员之一，今年29岁的他是伊堡办副主任。

在一个个难题的磨炼中，肖欣逐渐成长为"多面手"，既在自己的专业中游刃有余，又在管理事务中独当一面，特别是大局意识、风险意识、前瞻意识等领导能力，这是年轻人非常宝贵的收获。

2017年7月7日，肖欣入职海投公司三周年，他清楚地记得三年前的那一天，正好是卡西姆项目可研评审会召开的日子。如今，一座现代化的超临界清洁燃煤电站已经在阿拉伯海滨拔地而起。于是他在朋友圈感慨地写道：

"三年亲身见证了一座电站从建议书变成现实，为自己身处的时代而幸运，为自己所在的平台而感恩，为自己从事的事业而骄傲。"

（四）

团队成员李晨曦清楚地记得2015年初，因为一个突发状况需要与卡塔尔合作方协商，何时有和他很快赶到对方公司。

与以往由公司领导亲自带队谈判不同，这次是伊堡办第一次独挑大梁。合作方的参会人员是其高管，一度以派出队伍太年轻等为借口拖延谈判。

面对被动的局面，两人心里不禁发怵。可是，相比这为难、害怕和被动，

他们一心想着的还是如何清楚陈述问题。

两人顶住压力，耐着性子，将问题的紧急性和重要性言简意赅地说清楚，并且从双方利益的角度做了详细分析，逐渐赢得了对方的倾听，并最终说服对方达成共识，为项目紧急注入 1000 万美元前期费用。

（五）

25 岁的杨宇是团队里最年轻的成员。按照分工，他主要负责与巴基斯坦私营电力与基础设施委员会（PPIB）的对接工作。

2017 年初，六项事关顺利履约、保障贷款按期发放等工作的重要协议需要签署。近半年时间，杨宇几乎天天都在 PPIB 沟通协调。眼看协议即将在 8 月落地，一个巨大的挑战出现了。

7 月，巴基斯坦政局突变。伊堡办团队敏锐捕捉到政局动荡可能带来的政府解散、机构停摆等风险，开始密切关注政局动态，及时向公司总部和中国进出口银行、中国工商银行、巴政府、购电方等多个相关机构紧密磋商，尽全力加快推进文件签署并落实国内外各项烦琐的审批流程。

7 月 25 日，在 7 月 28 日时任巴总理被巴最高法院宣判解职的前三天，上述六大协议完成签署。由此，项目完成了建设期所有涉及巴方的重大法律文件的签署，规范了电力供销关系，优化了电力营销环境，闭合了融资流程风险。中国驻巴大使馆得知此事后，对团队敏锐的风险管控能力表示赞赏。

（六）

快速成长带来的欣喜，加入团队时间最短的胡浩也有相同感受。

在推动办理相关批文时，工作不可避免受到总理退位事件影响。一次，因为市区的街道游行，负责处理项目申请的官员被挡在市区之外无法进入。已经在市区的胡浩随机应变，主动拜访司法部秘书长高级秘书寻求帮助，清楚陈述项目重要性，成功说服官员主动协调上级进行特殊处理，在当天顺利拿到了通常需要两个月以上时间才能完成的批复。

就是在这一次次的成长中，胡浩收获了成长和快乐。在巴基斯坦一年多的工作时间里，他在这个充满异域风情的国家，随时感受到的是浓浓的善意。

"有时候我去市场的小摊买杯奶茶喝，都没怎么和店主聊天，就自己一个人默默喝完一杯茶，结账的时候店主说什么都不要钱，说中国人是兄弟，免费！"

（七）

2016年3月，伊堡办短期的人员变动使得人手异常短缺，几乎只剩下何时有一个"光杆司令"。这个时候程智义被紧急调入。短时间内接受极富挑战性的工作，程智义回忆起来觉得这是一段非常困难的时期。

何时有察觉到这份困难，于是投入更多精力帮助他。很多时候，新同事工作局面打不开，除了工作不熟悉，还有在新环境中、新压力下的心态问题。

通过积极疏导，并坚持信任让他独立完成工作，程智义得到了一次又一次的锻炼，在应对紧急事务和处理压力方面都有了很大提升，很快成为这个团队不可或缺的一部分。

（八）

2017年11月29日，卡西姆港燃煤电站首台机组发电仪式隆重举行，巴基斯坦总理阿巴西等与会嘉宾共同触摸启动机组的水晶球。

伊堡办的年轻人被喜悦、自豪和满足感紧紧包围着。发电后的卡西姆电站将实现年均上网发电量约90亿度，满足巴基斯坦当地400万户家庭用电需求，用伊堡办巴籍员工华卡斯的话说，"我很荣幸也很自豪加入这个团队。这样的项目正给巴基斯坦带来非常可观的经济变化，并对人民的生活状况进行改善"。

青春只有一次，在广阔的舞台上放飞，无怨无悔。

作者：邱　清

武博士的电建梦

在"中巴经济走廊"一号工程——巴基斯坦卡西姆港 2×660 兆瓦燃煤电站现场,有一位已在现场奋战两年多的博士——武夏宁,他用勤劳和智慧,服务工程建设,追逐电建梦想。

武大博士、高级工程师、发电公司副总经理,这些身份叠加在 38 岁的武夏宁身上,令人羡慕。毕业于武汉大学水利水电学院并获得系统工程专业博士学位的他,2007 年毕业就加入了中国电建大家庭,已是第 11 个年头。

回想过去十年多的点点滴滴,武夏宁有说不尽的故事,虽然经历了坎坷和考验,但更多的是锻炼和收获。这一切都源于他的电建情怀!

"只有在基层的大熔炉,才能得到锻炼提升"

"学校是培养人才的大学,社会也是培养人才的大学。""只有在基层,才能学到真知,才能大有所为,才能提升自我。"武夏宁时时牢记师长的教诲。

虽然学历高,但武夏宁一直谦虚谨慎,工作勤恳,脚踏实地。

2007 年刚入职,武夏宁就来到了号称东南亚"三峡"的马来西亚巴贡水电站，在巴贡水电站中马联营体项目部，他"忘记"自己的博士身份，深入一线，主动学习混凝土面板堆石坝、溢洪道等水电工程施工技术，并认真总结提炼技术成果，撰写了多篇科技论文。3 年时间，凭借不服输、刻苦钻研的精神，武夏宁逐渐成为水电站开发建设管理的业务骨干。

2010 年，武夏宁来到老挝南欧江流域梯级水电站项目，参与了项目投资协议谈判、可研设计评审和投资评审、合同招标等筹备工作，这让他对水电投资开发建设有了更深入的理解。

经历了水电项目的历练，武夏宁对火电建设产生了浓厚的兴趣，成为一名"懂水熟电"的电建人是他最大的梦想。

2015 年 5 月，卡西姆港燃煤电站正式开工。武夏宁主动向组织提出，请求再次常驻海外，向火电工程这个全新领域进军。

工作 10 年，5 年常驻海外。从马来西亚巴贡水电站到老挝南欧江流域梯级水电站，再到巴基斯坦卡西姆港燃煤电站，经历了水电与火电的洗礼，前进的道路上，武夏宁继续奋进，永不止步。

在卡西姆电站项目，武夏宁带领综合管理部出色地发挥了"服务保障、组织协调、监督管控、引领提升"作用，保证了发电公司日常有序运转。他创新管理思路，坚持"复盘"理念，在综合管理方面制定了一套完整的工作制度流程，为持续改进管理能力和提升后勤服务水平奠定了坚实基础。

"细节决定成败，凡事都要深思熟虑"

项目前期作为发电公司总经理助理兼综合管理部主任，武夏宁是发电公司名副其实的"大管家"。

行政接待、汇报材料、组织协调、后勤保障、安保管理等，每天他都将面临许许多多琐碎的事务，但他总能在千头万绪不厌其烦的事务中，区分轻重缓急，科学合理部署，井然有序做好每一件事。别看他文质彬彬、书生意气，其实做起事来刚柔并济、谨慎沉稳。

"我们每个人的执行力就是这个团队的生命力和战斗力""凡事要求别人

做好，必须要求自己先做好"，这是武夏宁与综合管理部同事谈工作时常挂在嘴边的几句话，时刻以高标准严格要求自己，凡事坚持原则，率先垂范。在武夏宁的带领下，综合管理部获得卡西姆发电公司"先进部门"荣誉称号，这是对他和部门同事的最大褒奖。

在做好发电公司"大管家"的同时，武夏宁还担负着更加重要的工作。电站办公生活家具家电的采购工作时间紧、任务重，家电家具能否及时到位，直接关系到电站办公楼和宿舍楼能否按时投用。

"凡事预则立，不预则废。"为了能够尽快完成任务，武夏宁经常周末加班，平时也会加班到深夜，与设备管理部、商务合同部研究采购计划，与供货商进行价格谈判，与代理商讨论物流清关细节。从编制采购计划、开展招标工作，到合同谈判及签订，到物流运输清关，再到家具家电到场安装和检查验收，他密切跟踪关注采购工作每一个环节，事无巨细，用心做好每一件事。

面对烦琐的工作，武夏宁任劳任怨、主动担当，脚踏实地、俯首做事，用实际行动诠释自己的电建梦想。

"只要全力拼搏，才不悔一生"

"无论在什么岗位都要全力以赴，做就要做到最好。"武夏宁经常告诫自己。

在卡西姆电站项目，武夏宁始终怀有一颗感恩之心，他非常珍视自己在卡西姆项目工作的每一天，珍视电建海投公司提供的广阔舞台。

每天面对超负荷工作，武夏宁丝毫没有怨言，总是保持积极乐观的心态，他斗志昂扬的精神感染和带动身边每一位同事，让每一个奋斗在卡西姆项目的同事都感觉自己是一个正能量体，共同为建设卡西姆电站贡献力量。

长期奋战海外，多少有些亏欠家人。回想起上年父亲生病住院，爱人既忙工作又要照顾孩子和老人，但爱人还是坚强地在电话里嘱咐"把工作干好，不要辜负领导的期望和信任"。寥寥数语让武夏宁备受鼓舞，更加坚定了他作为电建人追逐梦想的决心。

作为名牌大学的博士，武夏宁没有停滞学习的脚步，而是沉到基层，脚踏实地，在实践中锻炼能力，在奋斗中汲取力量，在坚持中厚积薄发。用自己的智慧和才华服务海外工程建设项目，用辛勤和汗水浇筑心中的电建梦想。

我们相信，会有越来越多的博士加入中国电建蓬勃发展的海外事业中来，他们将在"一带一路"的浪潮里，为实现我们共同的"电建梦"和"中国梦"奉献青春年华！

作者：耿兴强　康从钦

将青春写进中巴经济走廊"一号工程"

站在巴基斯坦卡西姆港工业区向东南方远眺，两座洁白、壮硕的冷却塔巨人一般矗立在天地之间，仿佛从天而降，与周边低矮陈旧的厂房形成鲜明对比。

这是巴基斯坦卡西姆港工业园区的新地标——卡西姆港燃煤电站。

在卡西姆港电站拔地而起的背后，有一批为之默默付出努力奋斗的电建人。

蒋星城，这位沉稳干练、勇敢担当的"80后"，见证了电站从设计图纸到落地建成的每一步，是卡西姆项目优秀的青年代表，经过多年海外生涯的锻炼，已经成长为中国电建"走出去"的中坚力量。

坚守底线，原则面前毫不让步

根据与巴基斯坦政府签署的实施协议，项目工期为 36 个月，如何在这么短的时间内安全优质高效完成开发建设任务，对卡西姆发电公司来说无疑是一个挑战。

269

对于海外工程来说，设计和设备能否及时到位是关乎整个项目成败的关键所在。而这个艰巨而光荣的使命落在了蒋星城的肩上。

为了确保设计图纸按时交图，保证设备及时交付，在他的带领下，EP 中心定下一条"铁"的规定——每项设计审核和设计修改必须 3 天之内完成。对于这条近乎苛刻的规定，总承包商和设计单位最初比较抵触，因为对于电站烦琐复杂的设计来说，几乎每天都有几处甚至几十处设计审核和修改任务，这就意味着必须要像上紧了的发条，持续高速运转。

"铁规"得到有效执行，很快便收到实效，在一年时间内便完成了初步设计、司令图设计和 910 卷施工图设计和审核工作，完成了 164 项设备采购和审核工作，为全面推进工程建设打下了坚实基础。

2016 年 6 月 21 日，蒋星城带领团队到发电机制造厂家监督见证 1 号机组发电机转子超速动平衡实验。

这天下午，蒋星城到车间检查实验准备情况，当问及对方项目经理准备工作完成情况时，对方项目经理支支吾吾、含糊其词，得知还有部分尾工需要第二天才能完工时，他坚决要求，所有剩余工作必须当天晚上完成，不能影响第二天的实验。因为按照计划工期，6 月 22 日需要完成实验，6 月 23 日要发往上海港集港，如果实验不能按期完成，后续工作都会受到影响，甚至可能影响整个电站里程碑节点目标的按时完成。

在蒋星城的强烈要求下，当天晚上，厂家安排了一个 8 人突击小组，奋战一整夜。第二天上午，剩余尾工全部完成，保证了转子超速动平衡实验的顺利完成，为按时集港发运和现场设备安装赢得了时间。

处理日常事务，可以灵活变通，但是在确保工期的原则问题面前，没有丝毫讨价还价的余地，这也是蒋星城的"铁律"。

勇于担当，一心为企公正无私

路虽远，行则将至；事虽难，做则必成。

工作中的蒋星城自始至终秉承"天道酬勤、行稳致远"的理念，处处诠释和体现电建青年的执着担当和无私无畏。

卡西姆港电站作为中国电建最大的海外投资项目，承载了电建集团转型升级、提质增效的重任，对中国电建来说，卡西姆港电站只能成功，不能失败。

作为主管设计和采购的负责人，蒋星城心里最清楚，设备质量对于电站长时间健康稳定运行的重要性。因为如果设备质量先天不足，后天再努力修复也无济于事。

为了严控设备采购质量关，蒋星城和同事一丝不苟、专心致志地审核总承包单位上报的每一项设备采购清单，确保经他们手审核通过的材料都经得起时间的考验。

2015 年 6 月 8 日，在监督审核总承包设计和设备采购管理过程中，蒋星城发现总承包商采购的 500KV GIS 等大型设备属于该厂商新开发的产品，缺乏实际运行经验，没有 60 万千瓦机组以上供货业绩。也就是说，卡西姆港电站充当了该厂家此型号设备的"试验田"。

考虑到项目所在地电网质量和稳定性较差，未经长期运行检验的新产品将可能遇到较大风险。为了降低不确定因素造成的潜在风险，确保工程长期稳定运行，蒋星城第一时间向发电公司领导汇报，并详细分析其中利弊，发电公司领导了解情况后，要求更换有良好业绩的 GIS 设备厂家，消除了这一不确定因素。

但更换厂家，意味着会增加费用，总承包商极为不愿意，蒋星城即从集团公司大局着眼，又从电站长期安全运行考虑，通过摆事实讲道理，与总承包商展开了一场艰难的谈判。最终在他的全力沟通协调下，总承包商更换并采用了具备稳定运行业绩的同类型国产设备。为

卡西姆电站顺利投产和安全可靠运行奠定了坚实基础。

执着追求，扎根海外无怨无悔

"爸爸，你到底什么时候带我去香港玩儿啊？"每次和女儿打电话，女儿都会这样问。每当此时，蒋星城心里都会感到非常愧疚，去香港旅游是他许诺给女儿的新年愿望，可是这个愿望却一拖再拖，五年过去了，依旧没有实现。

他也想尽快实现女儿的这个愿望，可是自卡西姆电站项目开工以来，就一直与时间赛跑，工程前期盯设计、中间催设备、后期忙调试，从没有停下奔跑的脚步，他的休假计划又一次拖延。

蒋星城暗下决心，等电站 1 号机组投产发电后，一定请假陪女儿去香港，实现她这个小小的愿望。

长年奔波海外，照顾老人和孩子的重担都落在了妻子的肩上，妻子最初也是对他有所抱怨，他总是耐心地解释，每次回家买点小礼物，哄哄妻子和孩子，一有空就讲述他在海外的所见所闻，渐渐地，妻子也了解了他的工作性质，体会了他对工作的执着，不再埋怨，反而多了一份理解和支持。

家人的理解和支持，更加坚定了蒋星城扎根海外的信念，对他来说每一次海外常驻，都是自我的一次提升，"鱼与熊掌不可兼得"，长年在海外工作，虽然对家庭的关爱有所缺失，但他的人生却收获满满。

选择放弃很容易，但选择坚持更难得，这充分体现他对这份工作的执着和热爱！

蒋星城说："既然选择了这个行业，就应该执着追求，朝着自己的人生目标坚定地走下去。项目建成投产，自己的青春年华没有虚度，这一切都值得！"

大浪淘沙才见豪情壮志，沧海横流方显英雄本色。

作者：耿兴强　康从钦

有梦不觉天涯远

　　虽刚入 5 月，阿拉伯海西海岸已是热浪滚滚，40 多摄氏度的高温炙烤着大地，也炙烤着巴基斯坦卡西姆发电公司综合管理部主任康从钦黝黑的脸庞。

　　这几日，他正带着几名同事对现场安全生产标语和企业文化墙进行布置，迎接新一轮中巴媒体记者团的参观考察。随着 1、2 号机组的顺利投产发电，电站刚进入 COD（商业运行），在这节骨眼儿上，这口气不能松，这腰板不能垮，工作似乎比建设期更忙了，半个小时下来，康从钦的后背已经湿透。

　　两年前，康从钦离开妻子和尚未满月的儿子，第一次踏上建设中的卡西姆港燃煤电站这片热土。

　　虽早有心理准备，眼前的一幕却还是让康从钦眉头一紧，心禁不住往下沉：一望无垠的戈壁滩，没有一丁点绿色，骄阳夹杂着海风，带来高湿、高热、高盐的热带气候，还有荷枪实弹的警卫保安，安全形势并不乐观。

　　但多年的海外工作经历，让康从钦很快平静下来。"战天斗地能吃苦，向来是咱电建人的本色。电建海投公司把我派到这里，就是要和同事们，在这片盐碱地上建起一座现代化的电站。年轻的时候多吃苦，才能走好以后的人生路……"回忆过去，康从钦透着几分从容淡定。

然而，不怕苦，只是工作的第一步，把活儿干上去才是关键。

康从钦的工作很繁杂。除了担任发电公司综合部主任外，还兼着联合党工委办公室主任、联合团工委书记等职务，负责综合事务以及党建、宣传、团青等工作，且卡西姆电站作为"中巴经济走廊"首个落地大型能源项目，举世瞩目，意义非凡，工作难度和强度比以往大了许多。

所以，"时间"对于康从钦来说尤为宝贵。除了平时的加班加点以外，因为项目跟国内有 3 个小时的时差，为了及时获取信息、对接工作，康从钦随身携带两个手机，一个调整为北京时间，一个显示卡拉奇时间，晚上充分利用比国内晚 3 小时的时差优势，确保当天文件、信息稿件当天完成，第二天国内第一时间收到……

2017 年 4 月，在"一带一路"国际合作高峰论坛举行前夕，具有标杆意义的卡西姆电站自然成为中外媒体关注的焦点。一个月内《人民日报》、新华社、中央电视台、中宣部《解读中国》摄制组、巴基斯坦国家电视台等多家中巴媒体记者先后到卡西姆电站现场采访报道。

挖掘素材、整理材料、规划路线、甄选人物，康从钦全力以赴、奔波忙碌，力求让中外媒体记者能够深入感受中国电建人投身"一带一路"建设的

豪迈气概，见证卡西姆电站领跑"中巴经济走廊"的独特魅力。

"讲好卡西姆故事、电建故事、中国故事，使其传播得更广、更远、更动听，这是我们每名卡西姆电站建设者的责任。"康从钦说。

当关于卡西姆电站的报道陆续在报纸、期刊、电视以及微信公众号中，不断刊发、循环播放、点赞刷屏的时候，康从钦那种兴奋劲和自豪感壮怀于胸。

接下来的卡西姆电站，进入了冲刺首台机组发电的关键期。为了庆祝卡西姆电站首台机组于 2017 年 11 月 10 日顺利提前发电，发电公司决定在 11 月 29 日举行正式发电仪式。

这次发电仪式，中巴政府官员和企业代表将出席，意义非凡、责任重大。综合管理部作为主要牵头部门，千头万绪，百端待举，难度可想而知。康从钦把自己所承担的工作，划分为行政接待、现场宣传、对外协调等 5 大部分、20 个节点、50 项内容，列出工作清单、排出时间表，跟进落实、全程监控，确保各项筹备工作有条不紊、全速推进。

"在最紧张的一个月时间里，我和同事们几乎没有看见过卡西姆的太阳，人整整瘦了一大圈。可人生能有几回搏？这是成长路上一笔宝贵财富。"康从钦感慨道。

心思缜密、热情负责、业绩突出，这是领导和同事对于康从钦最多的评价，他也因此多次获得发电公司"先进工作者"，电建海投公司"新闻宣传先进个人""优秀党务工作者""海投之星"等荣誉称号。

但康从钦却说："跟优秀的人一起共事，自己也会越来越优秀。自己很幸运，也很幸福，能来到卡西姆电站，投身'一带一路'建设，心无旁骛地奋斗前行，是中国电建给了我这个平台，是卡西姆电站锤炼了我。"

"卡西姆电站是一座大熔炉，我们不仅为巴基斯坦人民带来了福祉，更带出了一大批国际化的专业人才队伍。有了这样的队伍，我们的事业必将更加辉煌。"说这话时，康从钦笑了，笑得真诚又灿烂。

作者：刘向晨　邱　清

"金牌翻译"炼成记

早上 7 点半刚过,张雪杉就来到了办公室,打开电脑,开始了一天紧张的工作。

平时寡言少语的他,却有一门顶牛的嘴上功夫——翻译。

这位来自中国云南的"80 后"小伙,现在电建海投老挝南欧江发电公司从事老挝语翻译等工作。凭借过硬的专业本领,以及兢兢业业、任劳任怨、扎实肯干的职业精神,他也获得了"金牌翻译"的美名。

他对知识有着一种近乎忘我的渴求。还在读高中时,他就抓住一切"缝隙时间"学习泰语和老语。参加工作后,对语言的学习也从来没有放松过。他扎实的语言基础正是在这条路上一点点积累起来的。

2012 年,张雪杉从老挝国家大学工商管理硕士(MBA)毕业后,如愿来到了电建海投老挝南欧江全流域水电开发项目。"我一直很希望加入海投公司的团队,这一愿望终于在 2012 年实现了!"谈及当初入职海投公司,张雪杉依旧很幸福。

"雪杉来应聘时,我参加了对他的面试,给我的第一印象就是很精干,是个有潜力的小伙子。"南欧江发电公司总工曹际宣回忆说，"他在学习上非常刻苦，勤于钻研。直到现在，他仍坚持边工作边学习，随身携带收音机收听老语和泰语广播。"张雪杉说："从理论到实践，再从实践到理论，循环往复，这已经成了我的业余爱好。"

从进入发电公司以来，张雪杉充分发挥其在老挝语方面的经验和优势，协助公司开展移民安置、环境影响调查、与政府沟通协调等工作，以及重要会议现场翻译等。这几年，张雪杉在重要庆典仪式、中央协调会、高级别来访、大型活动、重要谈判等担任翻译30余次。

经过几年工作的磨砺，现在，他已经成为大家公认的"金牌翻译官"，有一大堆"粉丝"围着他转，要跟他学习老挝语。由他主讲的老挝语培训班已经举办了3次，每次都座无虚席。

除了翻译工作，张雪杉还在商务谈判方面崭露头角。2017年春节期间，他就完成了一次艰难的商务谈判。当时，南欧江流域公司正与老挝一家本土公司开展合作，可对方以各种理由要求大幅提高合同单价。谈判过程中，张

▲张雪杉（左一）在会议现场翻译

雪杉坚持底线思维，与对方进行了数轮艰苦博弈。最后，双方相继签订了数份较为合理的重要合作协议，维护了公司利益。经过几次实践之后，他也逐渐从外语翻译专业，跨界成了商务谈判能手，而他的踏实肯干也获得了公司领导的认可。

天道酬勤，厚积薄发。几年来，勤奋的张雪杉像一颗种子，在中国电建南欧江公司不断萌芽、生长。几年里，张雪杉与南欧江项目共成长，先后获得南欧江流域发电有限公司"年度先进工作者"、老挝丰沙里省省政府授予的"企业先进工作个人"以及老挝琅勃拉邦省政府授予的"企业先进工作个人"等荣誉称号。

老挝是"一带一路"建设重要参与国，是电建海投公司重要合作伙伴。一直以来，电建海投公司以"海纳百川，投创未来"的企业精神吸纳了一大批勇于干事创业的青年才俊，并为他们提供了有利的成才和发展环境。他们在各个项目的建设、运营中锻炼成才、百炼成钢，张雪杉就是其中之一。

"能在这里工作，并做出自己的贡献，这是一种荣耀。"张雪杉说，随着"一带一路"建设的深入推进，中国电建必将拥有更广阔的市场，中国电建在

海外的影响力也将不断扩大。

"我是个幸运儿，取得今日的成绩得益于公司提供的良好的平台。"张雪杉表示，今后他会进一步发挥专长，帮助更多同事学好老语，分享个人工作经验，在这个大家庭中，为公司发展做出更多贡献。

与项目建设共成长，与公司发展同进步，把青春融入"一带一路"建设的壮丽征程，在扎根海外的日日夜夜里不断积累、提高和快乐着——张雪杉用这样的方式默默实现着他的理想和价值，在平凡的岗位上挥洒着闪耀的青春。

作者：陈　忠

┃"旱鸭子"下海了

来一场"说走就走"的旅行是很多人的梦想，但对姚杰而言，"说走就走"已是常态，他的办公桌下一直放着一个行李包，准备随时"说走就走"，只不过不是旅行，而是出差。他的出差地点也"看上去很美"——通常是在茫茫大海上，但这着实是份"苦差事"——监船。

姚杰是中国电建新加坡海投公司员工，主要负责新加坡公司煤炭采购相关工作。他到岗后的第一份工作，就是从动力煤采购监船开始的。

每年12月至次年3月是印度尼西亚的雨季，气候和海况非常恶劣。2017年12月中旬，姚杰抵达新加坡公司报到的第二天，就被派往印度尼西亚苏门答腊岛附近的海域开展第一次海上煤炭装运监装工作。

为了保证煤炭装船作业效率以及煤品质量，姚杰坚持全程监督。但从码头前往货轮之间长达两个小时的海路，全程都是风浪和颠簸，作为一位名副其实的"旱鸭子"，姚杰望而生畏。望着波浪翻涌的海面和那条六人座的木制快艇，不会游泳的姚杰心里咚咚直跳，虽然手头有救生衣，但仍然不由得心生恐惧。

快艇启动，箭一般射了出去。姚杰不断用"眼不见心不慌"来宽慰自己，全程紧闭眼睛，双手死死抓住快艇的围栏。经过了 2 个小时的颠簸，终于平安到达。

　　登船后，发现货船上的工作和生活条件十分简陋，住宿需要跟船员挤在一起，卫生条件也很差，又面临中外文化、生活习惯等各方面差异。怎么办？姚杰通过与船长沟通，争取到了货船医务室的"特殊待遇"。

　　装船工作不分昼夜地进行着。机械操作的噪声和不断摇晃的船身，让第一次上船的姚杰吃了不少苦头，失眠、晕船、闹肚子等问题随之而来。机灵的姚杰想出了各种应对方法：少吃东西，这样可以有效避免晕船；趁着装船作业暂停的间隙抓紧补觉，养足精神；借着住在医务室的"有利条件"，成功找到了止泻药。但由于长时间在甲板上监装，没有经验的姚杰被严重晒伤，只能用清水冲洗一下，穿上长袖继续在甲板上监督装船作业。

　　这是姚杰负责全程监装的第一条货船。由于天气、海况和驳运衔接等问题的影响，装船作业实际耗了 14 天。长期远离陆地，手机网络信号又很差，

「旱鸭子」下海了

长时间"与世隔绝",货船上的生活成了一道考验。

但是,只身闯荡过非洲和巴基斯坦的姚杰,能够积极地自我调整。凭借乐观的心态、较好的外语水平和良好的沟通技巧,最后,他与众多外籍船员建立了良好的关系,成功克服了工作生活条件简陋、作息不规律、天气和海事状况复杂多变、通信不便等诸多不利因素,在最短的时间内,高效地熟悉、适应并掌握了印尼动力煤采购及海上装运监装工作的全流程和关键点。

艰苦的工作、生活环境中,姚杰不断地找寻着美好的一面:"站在甲板上,无论是朝阳还是夕阳,只要不看海面上翻涌的浪花,风景真的很美。"长年的海外经历让姚杰认识:"只要用乐观积极的心态去面对,就没有克服不了的困难。"

带着这份乐观,姚杰不断地总结经验,从细节入手、积极创新,监船期间学习了"水尺的确定方法",总结归纳了"如何防止非煤物质混装入船的四大关键",深入掌握了印尼煤炭驳运的市场行情,并在同事的帮助下最短时间内熟悉了煤炭采购合同谈判和结算等业务内容。同时,充分发挥自身丰富的海外工作经验优势,与煤炭供应各环节搭建了有效的沟通体系。

作者:亦 铭

李娜：被中国电建"实力圈粉"的印尼小妹

8月20日午休期间，南纬3度的太阳直直地照耀着印度尼西亚明古鲁燃煤电站建设现场，人们纷纷躲进室内小憩，只有李娜和同事还在忙着布置会议室——一场重要的会议即将在下午召开。

李娜是一名土生土长的印尼小妹，英文名 Lena，个儿不高，身材也单薄，但浓密的眉毛下的那双炯炯有神的大眼睛闪烁着干练和智慧的光彩，是被 POWERCHINA "实力圈粉"的一枚"小迷妹"，现在明古鲁发电公司综合管理部负责公务接待、物资采购及外部关系维护等工作。

印尼明古鲁燃煤电站项目是中国电建在印尼的第一个投资项目，也是印尼明古鲁省目前最大的在建投资项目。项目一上马，就立刻开启了"圈粉模式"。项目开工仪式上，新华社印尼分社、印华日报、雅加达邮报等众多国内外媒体的广泛报道，吸引了来自苏门答腊岛、加里曼丹岛、苏拉威西岛、爪哇岛等各路英豪纷纷加盟。目前，明古鲁项目当地员工已经超过60%，不少当地员工已经走上了财务总监、HR 经理等中高级管理岗位。李娜就是中国电建的"铁杆粉丝",也是明古鲁项目众多"迷妹"的一个缩影。

今年 27 岁的李娜毕业于印尼明古鲁大学英语专业,大学期间曾以交换生身份前往泰国某著名大学学习,学业上堪称出类拔萃。对 POWERCHINA,李娜可谓"一听钟情"。因为明古鲁项目在当地的广泛影响力,她早就萌生了到发电公司工作的想法。"POWERCHINA 是国际大品牌,明古鲁项目是明古鲁省的标志性工程,要是能进这样的公司,不仅能找到更大的人生舞台,也可以为家乡发展做更多贡献。"虽然毕业后的第一份工作是在市区一家酒店做客服,但对中国电建却一直"心向往之"。明古鲁项目启动后,她在与发电公司人员的一次公务接待中相识,对"POWERCHINA"的爱慕也更深一层,其热情周到的服务及一口流利的英语,也给发电公司人员留下了深刻印象。自此,她开始在网络搜集有关"POWERCHINA"点点滴滴的信息。经过一番了解后,她毅然辞职投奔明古鲁项目,成为明古鲁发电公司一名正式员工,从此加入了中国电建的战队。

如果说她对中国电建的爱慕始于大品牌的"高颜值",而情感的进一步走深则是因为中国电建的"实力担当"。在电建海投公司"四位一体"组织管控

模式下，项目建设一路凯歌，主厂房出零米、钢结构吊装等重大节点目标陆续实现，一座新地标在印度洋边迅速崛起，这让李娜切实感受到了"中国速度"。另外，明古鲁整体经济欠发达，当地就业形势不容乐观，作为当地最大在建投资项目，明古鲁电站一举为当地创造了近千人次的工作机会，且薪酬最高能达到当地水平的 1.5 倍，切切实实造福了当地百姓。不仅如此，明古鲁项目还将中国先进的工程管理经验、施工技术带到当地，提升了当地人员的施工技术水平，一定程度弥补了当地由于多年缺乏大型建设项目而工程管理、施工技术等匮乏的缺憾。此外，发电公司还走进当地学校，广泛开展公益助学等活动，这让李娜更加认识到中国电建是中国企业"速度与激情"的代名词。

中国电建真诚与当地共发展的理念与行动，一点点地感染着、感动着李娜。自从加入明古鲁项目建设，她亲眼见证了项目日新月异的变化，也见证着电建人的勤奋与负责。"这是一个负责任的国际化大公司，是我梦寐以求的发展平台！"情定中国电建，李娜无怨无悔。

李娜日常主要负责对外协调、访客接待、会议筹备、物资采购等工作。这类工作琐碎且繁杂，但又极其重要，要求较高的细心、耐心和责任心，而这恰好是李娜的长处。在预订酒店时，她会主动询问是否需要吸烟房间；采购排插时，她会问你是否一并采购转换插头；安排会议时，她会提前到场开空调、备茶水。这些细微的举动，既让李娜赢得了发电公司的信赖，也颠覆了大家对当地员工的认知，因为在当地这样的外籍员工实属不多。

但成长并非一帆风顺。李娜还记得刚来项目工作时，接到的第一个任务是制作会议室横幅。因为之前没有接触过，感觉比较吃力，但在中方同事的帮助下，最终还是顺利完成。这也让李娜体验到了技能提升、业务进步的快乐。

天道酬勤。2018 年 7 月，在发电公司召开的年中工作会上，李娜凭借优秀的工作业绩，被发电公司授予"优秀员工"称号，成为全体中印尼员工学习的榜样。李娜说，自从被中国电建"圈粉"加入明古鲁项目公司，不仅认

李娜：被中国电建『实力圈粉』的印尼小妹

识了一帮来自中国的好朋友，工作能力也提高了，而且待遇也比之前提高了，能给家人更多零花钱，帮家人支付网费、电话费等，而且还有了充足的钱还房贷。在项目公司工作，李娜也体会到了深深的快乐。说到对中国最感兴趣的事情，李娜首推中国春节："春节的时候大家一起欢度春节，一起放烟花，一起卡拉OK，一起出岛游玩，那是最快乐的时光！"

"印尼需要更多中国电建这样负责任的大公司，给印尼带来更多就业机会、发展机遇，真心希望印尼经济也像中国一样腾飞！"这，或许就是她心中伟大的"印尼梦"。

作者：谭　毅　魏文刚

▎一个"新鲜人"的自白

记得刚进大学的时候，学长学姐们总叫我们大一新生"新鲜人"，这个从英文单词 freshman 直译过来的说法，一直让我记忆深刻。

最近，我加入了电建海投甘再项目公司，于是，我又变成了甘再的"新鲜人"。

我叫张恒，在甘再大家庭里，我担任出纳的工作。新的同事，新的国家，新的工作岗位，新的工作环境，让我这个"新鲜人"兴奋不已。

在兴奋和期待中，我也隐隐有些不安，因为这是我第一次远离家乡来到国外工作。幸好，公司倡导的"月月有主题"活动，让我们的业余生活丰富多彩，在工作中、在活动中，身边的领导和同事都对我非常关照，浓浓的凝聚力和无微不至的关怀，渐渐驱散了我的不安。

弹指一挥间，我来到甘再项目公司已经快三个半月了，虽然时间短暂，但是三个多月却让自己有过许多第一次。

第一次在异乡过春节，思乡之情难免会涌上心头。可是身边的同事认真准备着精彩的工会活动，让我不由自主地加入了他们。

大年初一，公司组织健步行活动，借着这次机会，我来到了大坝，"终于有机会来看一看"，我兴奋极了。

第一次见到了公司最大的固定资产，也是我们的"饭碗"，激动之情溢于言表。我的父亲也是从事水电行业，从小就听父亲讲各种关于大坝的故事，但我从未亲眼见过水电站。因此，大坝在我心中一直披着神秘的面纱。

满怀好奇心和探索心，我终于有机会目睹了水电站的磅礴气势。在碧波万顷的甘再河上，矗立着雄伟壮观的水电站。忽然之间，我不能回家过年的伤感瞬间消失了。

家在心中，志在四方，我突然明白了这份工作的意义，并且产生了一种自豪和荣誉，一份责任和担当。我很荣幸能加入甘再这个大家庭，奔流的甘再河水也仿佛给我注满了力量，让我有信心履行好甘再人的责任。

在三个半月的工作之中，公司使我得到了快速地成长，无论是工作还是生活上，让我从一个"新鲜人"蜕变成逐渐承担起岗位责任的甘再人，让我脱离了对家人的依赖，变得更加独立自主，学会在坎坷的道路上面对困难，锻炼了自己的意志。

在工作上，是公司教会了我脚踏实地，求真务实。我认为，只有爱岗敬业的人，只有在自己的工作岗位上勤勤恳恳，不断钻研学习，精益求精的人，

才会为社会、为企业做出贡献。

爱岗敬业是一种默默的奉献，一种高尚的理想，一种强劲的精神力量。我们在工作上少一些计较，多一些奉献；少一些抱怨，多一些责任；少一些懒惰，多一些上进心，有了这种境界，我们就会倍加珍惜自己的工作，并抱着知足、感恩、努力的态度，把工作做得尽善尽美，从而赢得别人的尊重，为中国企业走出国门参与海外能源投资贡献出自己的一份力量。

这段时间听到公司领导向我讲述公司从小到大，从弱变强，从建设期到运营期的艰辛历程，我不禁感叹，正是有了每一位员工的付出和努力，才有了今天的成绩，是大家用智慧和汗水换来了公司今天的发展。在这个过程中我感悟了很多，学习了很多，更成长了很多，由最初的新鲜到彷徨再到坚定，蜕变就从那一刻开始了，我深深地感受到了水电行业的不平凡。

"甘再项目公司"犹如一面镜子，让我更好地认识自己，给自己定位。经过这三个半月的工作，我真正认识到了这份工作的不平凡。感受着同事们的工作热情，感受着公司领导对年青一代的殷殷期盼，我深深地爱上了甘再这个大家庭。

在这个日新月异的时代，我很庆幸找到了实现人生价值的舞台。在这个舞台上，我将不忘"新鲜人"的初心，保持着兴奋、好奇、探索，一步一个脚印往前走，与甘再项目、与中国电建、与海外电力投资事业共成长。

作者：张　恒

家庭之中的亲情，在长久的守望中相助、帮扶。

情侣之间的爱情，在驻外生活中开花、结果。

国与国之间的友情，在一次次公益行动中落地生根、枝繁叶茂。

"一带一路"也是一条爱心之路，中国电建海外投资，用爱点亮世界，用爱心重塑当地百姓心中的理想家园，也因爱而更显温暖。

温暖

WEN
NUAN

抚平味蕾的乡愁

早上 6 点，天已经亮了，深山里的尼泊尔上马相迪 A 水电站此刻还沉睡在一片宁静中。在项目营地的一角，漆勇和他的 5 个尼泊尔同事已经开始忙碌。他们正在食堂为大家准备早饭。

打豆浆，熬粥，揉面，烧水，切菜……十几平方米的厨房里，漆勇和帮厨们忙而不乱，有条不紊。

食材准备就绪，漆勇抬头看看时间，然后赶紧埋头开火炒菜。还有不到半小时，营地里的同事就会陆续来吃早饭，开始一天的工作。

驻扎在营地的主要是电建海投公司的管理团队和水电十一局的运维团队，共约 50 人。他们的工作是负责上马相迪 A 水电站的运营管理和发电操作。

这座总装机容量 50 MW 的水电站是中资企业在尼泊尔投建的首个水电站，自 2016 年 12 月 30 日投产发电以来，为尼泊尔首都加德满都和第二大城市博克拉持续输送电源。与国内许多电站的装机相比，上马相迪 A 水电站的总装机容量不大，却占到尼泊尔水电站总装机容量的 5.72%。电站 3.35 亿千瓦时的年发电量是尼泊尔年度总发电量的 9.23%。

　　2017 年 5 月 12 日，中尼两国政府签署"一带一路"合作协议。在项目尼方员工看来，这对尼泊尔的发展非常重要，对尼泊尔这个内陆国家来说，"一带一路"倡导的互联互通理念正是助力发展的关键。上马相迪 A 水电站的稳定输出，为燃油、燃气、电力等能源严重匮乏的尼泊尔缓解电网电力不足做出了很大贡献。

　　在这个项目上，漆勇担任大厨已有五年时间，经历了项目开工建设到投产运营的全过程。他用精心准备的食物陪伴项目建设者将电站从图纸带到现实并稳定发电。寒来暑往，他的烹饪见证了一批批电建人的海外坚守。

　　七点钟，早饭准时呈上，食堂开始了一天中的第一次热闹时光。同事们一边吃着热腾腾的早饭，一边收看电视上的新闻，间或针对新闻内容聊上几句。

　　八点钟，同事们开始上班，漆勇和帮厨们开始吃饭。饭后稍作休息，他们又马不停蹄准备午饭。紧张的节奏重复到晚饭，但是漆勇还不能休息，因为他要为值夜班的同事准备消夜。电站运行需要值守，漆勇总是尽心准备完适合夜班同事的食物后，才能安心将一天的忙碌放下。此时，已经是夜里十点。

　　要为大家准备一日三餐，漆勇觉得这是一件非常劳心劳力的事。

　　漆勇是四川遂宁人，掌勺已有十多年时间，是一位厨艺精湛的川菜师傅。

之前，他在尼泊尔一家酒店当厨师，客人点菜，他照单做菜，可以说完全是一项体力活。来到项目之后，买什么、做什么、怎么做，都要漆勇操心，于是做饭成了一件不折不扣的脑力活。

在异国他乡的山里，食材非常有限。要用这些有限的食材为几十人安排三餐，做法味道要尽量避免重复，菜品又不能太清淡或单一，否则每天吃食堂的同事很容易厌烦。漆勇绞尽脑汁排兵布阵。

"就像打仗一样，脑袋感觉没停过，每时每刻都在高速运转，思考要做什么菜"，漆勇一边说一边掩不住满脸认真的神色。

除了自己琢磨，漆勇还喜欢在大家吃饭的时候观察。上完菜，漆勇悄悄去菜盆旁转悠，看哪个菜容易被回购，看哪个菜剩得最少。于是，漆勇在心里默默记下这些受欢迎的菜，今后注意增加制作频次或制作相似的口味。

经过一段时间，一些受欢迎的菜品逐渐固定下来。周五晚上吃面条，周日晚上吃包子，偶尔节假日还有自制火锅，同事们热热闹闹欢聚一堂。

因为尼泊尔与中国西南边境接壤，项目上有不少同事来自西南地区，他们喜欢早起吃一碗香辣的小面。大家跟漆勇建议之后，他增加了"点面"服务，想吃的同事吆喝一声，大约五分钟，飘香的小面上桌，一碗解乡愁。

十一局的运维团队不少人来自北方，不过不用担心他们接受不了川菜的香辣。

"刚开始他们还有点不习惯辣椒，但是过不了几天，他们就会自己到调料台上舀我自制的辣椒了。"漆勇得意地说。

漆勇每次休假回来，同事们都会发现食堂的菜品总有创新。漆勇会利用回国机会借鉴钻研，甚至专程去学习，回来后开发新菜。

他的认真也得到了同事们的认可，说起项目上的大厨，大家总是连连称赞。

漆勇深知他的菜品对同事们的价值。长期驻外，工作生活难免单调。如果连饭都吃不好，异国他乡的工作就会更加困难。

食安则心安，心安则事成。

和漆勇一起努力的还有整个项目公司。为了建好海外职工之家，公司配备了羽毛球场、台球室、阅览室、放映室，从国内带来象棋、健身器材，按照电建海投公司提出的"月月有主题"要求，定期组织主题活动，一点一滴改善员工的驻外生活。

　　有同事问过他，这么好的厨艺，在家乡也能找到不错的工作，为什么选择一直留在项目上呢。

　　漆勇笑着说，"国家发展好了，'一带一路'让我们有机会出国工作。在项目上收入不错，可以给老婆孩子创造更好的条件。大家对我也像一家人一样，项目上搞活动，一起运动、一起做游戏，挺热闹的。"

　　听到这里，同事们总是会心一笑，满是赞同。

　　生产技术、商务合同、运维操作、设备检修……项目上的每一个人都在自己的岗位上发挥着作用，尽职尽责。漆勇和他们一样，用他的厨艺为电站的稳定运营用心用力地做出贡献。

　　上马相迪项目的营地红墙绿地，青山环绕，远处的雪山若隐若现，夜里的星空深邃神秘，这个号称"徒步者天堂"的地方，风景一等一的好。配上电建人耐住寂寞，直面困难，坚守在"一带一路"的身影，景色变得更加动人。

作者：邱　清

▌"家里有我，你放心吧！"

听着电话里妻子古莉柔弱的声音："家里有我，你放心吧！"正月初三，刚刚完成一天春节值班任务，回到宿舍的电建海投公司老挝南欧江一期生产技术部主管唐聪，还是忍不住鼻子发酸。

妻子古莉是电建人的女儿。2011年，从三峡大学会计学专业毕业后，子承父业来到电建系统工作。亲戚朋友给介绍的优秀男孩不少，但她一个也没瞧上，却在一次朋友聚会中，对唐聪一见倾心。

当时的唐聪刚参建完非洲卢旺达水电项目返回国内，征尘未洗，一身黝黑。对于古莉找了个电建男朋友，很多亲戚朋友是有不同意见的，毕竟古莉的父亲便是最鲜活的例子。大学闺密更是苦苦相劝："嫁给电建人，长年在外漂，一年回不了几次家，你这辈子可是有吃不完的苦。"但这一切都没有动摇古莉的决心，她说："父亲是我最敬佩的人。我看中的是唐聪的责任担当、诚实可靠，再苦再累心甘情愿。"

认识半年后，两人领回了结婚证，唐聪把它跟护照放在一起，珍藏在行李箱里，又起程奔赴非洲卢旺达。

　　转眼五年过去，除了偶尔的甜蜜相守，大部分是长久的分别相思。唐聪漂洋过海，转战异国他乡，一年回家也就两三次。

　　妻子古莉一边干工作，一边操持这个家，尤其是孩子出生后，古莉更是天天连轴转，难得片刻的停歇。有一次回家，看着妻子忙碌的身影和憔悴的面容，唐聪第一次提出了想跟领导申请回国，帮帮妻子的想法。古莉却坚决反对："结婚前，你告诉过我，好男儿志在四方，能从事海外项目建设，是响应国家和公司的号召，也是你莫大的荣光。家里有我，你放心吧！"

　　怀揣着妻子的鼓励，2015年9月唐聪参与到老挝南欧江一期水电站建设，从此与这里结下了不解之缘。2016年5月，南欧江一期二、五、六级水电站全部投产发电，唐聪调到南欧江一期生产技术部从事电力生产工作。

　　繁忙而紧张的工作，让唐聪成了"甩手掌柜"。孩子一岁多时，常会指着卧室婚纱照问，"妈妈身边的人那个戴眼镜的是谁？"妈妈说，"那是你的爸爸呀！"以至于儿子上街，看到戴眼镜的就问妈妈，那是不是爸爸呀？

　　从此，每天睡觉前，古莉总会把"爸爸的故事"讲给儿子听。现在，三岁的儿子已经能从世界地图上准确找到爸爸的工作地——老挝，讲起爸爸从事的电建工作也是头头是道，虽然不能见到爸爸，却每天都会念叨："爸爸是

「家里有我，你放心吧！」

超人！"

为了让唐聪安心工作，妻子古莉在单位是业务骨干，在家是"全职保姆"。街坊四邻都夸古莉是个好儿媳，领导同事都说唐聪找了个好媳妇，可唐聪心里却是满满的愧疚感，他懂得妻子吃的苦一点不比自己少，只有努力工作，才不辜负妻子的一片付出。

唐聪常说，工作中遇到艰难和不顺，不管再苦再难，每当思念想家的时候，都会记起妻子的这句话，然后告诉自己：不能放弃，挺一挺就过去了！就这样，这些年唐聪先后被评为南欧江流域公司质量管理先进个人、优秀共产党员、青年岗位能手等荣誉。

2018年春节，本来答应陪妻子孩子回家过年的唐聪再次爽约了。毕竟肩膀上的担子卸不下，做好春节期间的各项生产技术管理，加强巡视检查，确保各级电站正常运行，才能换来这万家灯火……

春节期间，唐聪每天都会给妻子古莉去一个电话，他想给独自承担家庭重担的妻子一个新年的祝福，一份春天的温暖，可妻子每次都在重复一句话："家里有我，你放心吧！"

唐聪的眼眶再次湿润了……

作者：刘向晨

爱在深山有远亲

盛夏的北京，因为一场酣畅淋漓的大雨而变得凉爽舒适。清晨，一辆中巴车从车公庄西路22院驶出，赶往北京西北方向240多公里外的一座小县城——崇礼。

崇礼，取儒家核心思想"崇尚礼义"而得名，隶属于河北省张家口市。这里是北京上风口的山区地带，承担着为首都治理风沙源的任务，封山禁牧和退耕还林还草政策的推行，限制着畜牧业的发展，再加上冬季雪期长，气温低，农业只能以种植土豆和莜麦为主，多年来崇礼一直戴着国家级贫困县的帽子。

2015年，随着2022年北京—张家口冬季奥运会的申办成功，崇礼声名鹊起，成了滑雪胜地。县城里已是大兴土木，高楼林立，但在广袤的农村地区，还有许多孩子的学习生活条件亟待改善。地处大山深处的清三营乡寄宿制小学便是此次崇礼之行的目的地。

车出北京，沿G6京藏高速，穿隧道，过大山，地势逐渐开阔，天空越发蔚蓝。

这已是五年里的第七次崇礼之行。自从五年前，电建海投公司与崇礼清三营乡寄宿制小学结成了帮扶对子，大山里的这座寄宿制小学和孩子们便成了公司广大员工心底的牵挂。

为了此次崇礼之行，电建海投公司的青年志愿团队已忙碌准备了半个多月。公司董事长盛玉明、总经理杜春国带头捐款，全体员工纷纷伸出关爱之手，汇成爱心暖流，文具、书包、奖学金、过冬的衣服以及十余部折旧笔记本电脑，被分装打包，塞满了半个车厢。

一天前，公司副总经理、总会计师李铮还在为海外项目融资进行着商务洽谈，今天，她怀着一颗仁爱之心，带领着10名青年志愿者一齐出发，奔赴大山里的清三营乡寄宿制小学。

三个小时后，车下高速，沿着新铺的柏油路继续向清三营乡进发。对于财务管理部的徐莉来说，车窗外的场景让她既熟悉又陌生。这已是她的第三次崇礼之行，较之往年，道路平整一新，村容村貌也有了较大改善。

这种变化，让车里每名志愿者都欣喜不已。

更多的志愿者是第一次来崇礼。5年前，这场爱心助学活动，是由获得全

国青年文明号的财务资金部一家牵头，但很快便发展成为电建海投公司全体员工的集体行动。

这一切，都源于电建海投公司多年精心培育的"海文化"，打造出的"海、暖、新、益"元素在内的"1+N"海文化体系，得到了广大员工的充分认同和积极响应，而捐资助学、奉献爱心则成为对"海文化"的一种最美诠释。

在这支爱心队伍里，每年都会有员工被派遣到国外工作，但更多的员工加入进来，爱心在传承，接力棒在交接，做爱心志愿者，既有了责任感又有获得感，5年来薪火相传，从未间断……

终于到了！飘扬着的国旗，小小的操场，齐整的校舍，又回到了熟悉而又亲切的清三营乡寄宿制小学。

等候的孩子们一下子便围拢了上来。对于64个学生和16名老师来说，这一天，就像过年一样高兴，更像是一场亲人间的久别重逢。

卸车、搬运、摆放，大家都忙碌起来。笑脸挂在每个人的脸上，欢乐飘荡在校园的上空。

周边的乡亲们来了。对于这群来自北京的"城市人"，已没有了第一次的新鲜，却满是欣慰和感叹，农村娃娃也跟"城里人"攀上了亲戚。

郭大姐来了。她正在上初中的女儿刘如意是李铮的帮扶对象。除了平时打电话关心，这次李铮还给小如意带来了过冬衣物和学习用品。郭大姐拉着李铮的手舍不得放下，总有说不完的贴心话。

区教育局的领导也来了。对于电建海投公司五年来的爱心帮扶，王副局长充满了敬佩。正是在电建海投公司的带动下，越来越多的企业开始关注这群大山里的孩子，爱心正源源不断地汇聚而来。

石鹏武校长是一位朴实的中年汉子。他目睹了清三营乡寄宿制小学5年来翻天覆地的变化。现在，孩子们吃得好、穿得暖，用上了跟城里孩子一样的教学设施，先后有7名大学本科生，充实到农村教学第一线，有什么比这更让他高兴的呢？

是呀，步入孩子们的宿舍和教室，整洁的环境，齐备的设施，很难想象这是一所大山里曾经破烂不堪的学校。5年多的爱心帮扶，一切都在悄然改变，一切都在进行着美丽升华。

许纯宁和马欣宜是在电建海投公司实习的香港大学生。5周的实习经历，让她们认识到了电建海投公司致力于建设有国际竞争力的专业化投资公司的企业愿景，此次崇礼之行，更让她们深切感受到作为央企的一份爱心付出和责任担当。

恰逢香港回归祖国20周年，即将结束实习的她们，对于未来充满了信心，在电建海投公司所发生的动人故事，她们要讲给更多的香港同胞听。

利用暑假的机会，9岁的李俊辉也跟着同为海投员工的妈妈来到捐助现场，做了一名小志愿者。在妈妈的言传身教下，小俊辉把省下的零花钱、看完的图书捐了出来，送给大山深处的弟弟妹妹。

爱心凝聚力量，希望成就未来。

李铮深情地对孩子们说，赠人玫瑰，手有余香，爱心助教电建海投公司责无旁贷，只要孩子们需要，叔叔阿姨们每年都会来看你们，希望孩子们努力学习，学会坚强，懂得感恩，快乐成长。

爱人者，人恒爱之。"谢谢"，这是从孩子们嘴里发出最多的一个词。朴实、稚嫩又略带腼腆的两个字，让每名志愿者的心情久久不能平静。

不仅仅是物资的帮扶，更是心贴心的关怀，爱心志愿者让孩子们感受到社会的温暖，让他们知道，在大山之外，在首都北京，有一群叔叔阿姨，牵挂着他们。

"我好高兴，再过几天，北京的叔叔阿姨就要来看我了，他们就像在外打工的爸爸妈妈一样爱我……我要快快长大，也要做一个对社会有用的人……"这是10岁的留守儿童于佳在作文里的一段话。

连续5年的爱心帮扶，不仅解决了孩子们学习生活上的困难，孩子们也都变得活泼开朗起来。对于孩子们的改变，王红老师有着切身的感受。

"电建海投公司的善举让我很感动，我会更加热爱我的职业，更加善待我的学生。"王红老师深有感触地说。

"这是我的经历中非常有意义的一天，看到我们付出的爱心实实在在地帮助了山区的贫困孩子，看到孩子脸上露出的笑容，我深感作为一名电建海投公司员工的幸福和骄傲。"爱心志愿者刘星同样发出了感慨。

爱心让青春闪光，担当为企业增辉，电建海投公司的爱心善行既是对社会主义核心价值观的弘扬，也凝聚着企业发展的蓬勃力量。

一份爱心，也许力量有限，但它能让脚步有方向，无数颗爱心汇成爱的海洋，播撒爱的阳光，放飞的是孩子们的梦想。

大手牵小手，一起向前走。大山无言，蓝天为证，一切都在孕育着蓬勃的生机，一切都在发生着美丽的嬗变。

孩子们的明天一定会更加美好！

作者：刘向晨

不负凌云不负卿

柬埔寨贡布省，甘再水电站。中午 11 点，刚与柬埔寨贡布省相关方完成下游防洪调度洽谈的冉青松回到办公室，虽是一身的疲惫，但看到办公桌上那张跟妻儿的合影，心里瞬间轻松了许多。

此刻，在万里之外的武汉，已是上午 12 点，文达学校的陈静老师，也已完成上午两节课的教学任务，她的办公桌上同样放了一张跟冉青松一样的照片。

七年爱情路，一对小夫妻。冉青松，电建海投公司柬埔寨甘再水电站综合管理部副主任，妻子陈静眼中的"暖男"一枚；陈静，武汉文达学校计算机课程教师，丈夫冉青松眼中的"女神"，一位好妻子。

去电建海投，我支持你

冉青松和陈静是武汉大学的同届校友，一个学的是走遍天下治水建站的水利水电工程，一个学的是稳坐钓鱼台，指尖敲键盘的计算机。

和大部分的校园情侣一样，他们的相遇也源于一场同学聚会。冉青松说，

当时正流行王菲春晚演唱的《传奇》，正如歌中所唱的那样"只是因为在人群中多看了你一眼，再也没能忘掉你容颜……"

两人话越聊越多，心越贴越近。谈大学的收获与感悟，聊生活中的迷茫和困惑。冉青松对陈静的温柔、善良和知性，平添了几分心动，陈静对冉青松的质朴、才学和志向，也多了几分好感。

落日熔金，暮云合璧。在被誉为中国最美的大学校园里，落英缤纷的樱花大道，波光潋滟的东湖湖畔，留下了冉青松与陈静相依相偎的身影，对于未来，他们充满了美好的期盼。

2013 年 7 月，冉青松研究生毕业，在众多的招聘单位里，他毫不犹豫地选择了电建海投公司。回忆当时的选择，冉青松说，那一切都源于盛玉明董事长的演讲，电建海投公司虽刚成立一年，却以海外电力能源投资开发和资产运营为主，致力于打造具有国际竞争力的专业化投资公司，提供给我的将是一片广阔的发展空间。

半年后，冉青松接到了外派柬埔寨的通知。当他有些忐忑地把消息告诉陈静，还没来得及把自己的人生规划和感情承诺"再次重申"时，陈静出人意料地应了，但冉青松看得出陈静流露出的不舍眼神。

陈静说，"你干事业，我全力支持你。能被电建海投公司派遣到国外发展，富有挑战，增长才干，这是难得的机会，我愿意等你回来"。

陈静坚定的回答，给冉青松吃下了定心丸。

"不用担心我，我会好好的"

柬埔寨甘再水电站，是中国电建在海外第一个以 BOT 形式投资建设的水电站，负责为首都金边以及贡布省和茶胶省供电，被首相洪森誉为柬埔寨的"三峡工程"。

凭借良好的英语和沟通能力，冉青松被安排在综合管理部，主要负责电力营销以及与柬埔寨当地政府的外联工作。全新的工作内容和工作环境，对于冉青松来说，也是一次全新的挑战。柬埔寨的法律法规、税收环保政策、申领办事程序，这些都是冉青松需要攻克的难关，每天的工作内容和学习计划都排得满满当当。

一天中最幸福放松的时刻，就是下班后能在视频中跟陈静见上一面。虽是寥寥数语，却是爱意暖暖，时间和距离成了考验俩人爱情的试金石。一年后，冉青松回国探亲，婚礼也提上了议事日程。

由于身在国外，冉青松不得不做了"甩手掌柜"，婚礼都是由陈静一手操办，就连婚戒也是陈静独自一人去购买的。没有彩礼贵金，无须豪车迎亲，只是摆了几桌家宴，招待亲朋好友。一切从简，不落俗套，让冉青松颇感意外的同时，更多的是感动。

没来得及度蜜月，冉

青松又将奔赴柬埔寨。换洗的衣物，家乡的特产，厚厚的行囊里，塞满了妻子对丈夫的一片深情。陈静特意在行李箱的背面写下了两行小字：离别，是为了更好地相聚；平安，是对你永远的祝福。

一寸相思千万绪，人间没个安排处。陈静说，"刚分开的那段时间，我不知道下班以后的时间该干些什么，总是拿起电话想打给他。但一次次拿起手机，又一次次放下。我想，他此刻，或许正忙于工作，我少一分打扰，他就多一分专注"。

"不用担心我，我会好好的，你安心工作就好。"每当在电话或视频中听到妻子重复这句话，冉青松就会眼眶湿润。冉青松说，"妻子最让我感动的是她的善解人意。我身在国外，双方父母，亲朋好友，家里的里里外外都是妻子一人操持，从不让我分心。"

即便是怀孕期间，妻子陈静也是一边工作，一边照顾自己。陈静说，"遇到难事的时候，我真想把青松拽到身边，趴在他肩头大哭一场。但选择了他，就选择了他的工作性质，他志在四方，我就做他最稳固的大后方"。

正是有了妻子的理解和支持，冉青松可以在柬埔寨安心工作，快速成长为海外商务洽谈的行家里手，多次被评为项目公司"海投之星"、海投公司先进工作者。

给你一份稳稳的幸福

2016 年 8 月，儿子出生。出于对家乡安徽的思念，陈静给儿子起名"安安"，也希望一家人都平平安安。

看着襁褓中的儿子，冉青松满怀初为人父的喜悦，但更多的是对妻子和儿子的愧疚。在家陪护的这段日子里，冉青松比在甘再项目公司还忙。冉青松说，"能陪他们娘俩的时间毕竟非常有限，在家的日子我要格外珍惜，好好表现"。

陈静说，"青松回到家就忙着买菜、做饭、做家务，谁也劝不住、拦不住。虽然我们没怎么一起出去旅游过，也没吃过什么大餐，但我不后悔嫁给

他。他稳重踏实，对我是打心眼儿里好，跟他在一起很满足。更关键的是，青松没有虚度光阴，跟着电建海投公司参与'一带一路'建设，感觉我们俩的小日子很有希望，也很有奔头"。

一入电建漂四海，齐眉方知情意浓。对于"90"后的高学历人群而言，在充斥着物资诱惑和短期效益的时代，从异地相恋到分居两地，能携手走来，相爱如初，非常不容易。唯有真正认同，才能坚守这份岗位，唯有真心相爱，才能守护这个家庭。

"以后的路还很长，面对的困难也有许多，但只要踏实工作，用心守候，未来一定是美好的。"冉青松和陈静说出了很多电建海投公司青年员工的心声。

结束休假，冉青松再次启程返回甘再项目公司。路上收到陈静的微信："等你回来，给我一份踏实的爱、一副可靠的肩膀、一个温暖的家、一份稳稳的幸福。"

冉青松指尖划过触屏："世间寻得双全法，不负凌云不负卿。"

作者：刘向晨　白淮英

承载友谊的"通途"

都罗姆村，一个普普通通的河边小村，坐落在老挝北部山区、南欧江三级水电站库区下游，距离水电站大坝 2 公里处。都罗姆村伴随着电站建设发生了翻天覆地的变化，旧貌换新颜，村子的交通状况也从天堑变通途。

因路相识

路，从足从各。道也。

2014 年 12 月，老挝南欧江三级水电站进场道路及跨江大桥工程开工，电站建设大幕正式开启。

三级电站进场道路全长 52 公里，包括 27 公里的扩建路段和 25 公里的新建路段。25 公里的新建路段，宛如延伸进三级水电站的一条纽带，把都罗姆村与外界及工程建设紧密联系了起来。

都罗姆村，这座昔日交通闭塞的小山村，有住户 48 户 246 名村民，几乎家家户户有船，因为只能依靠在南欧江上行船与外界往来。

老挝地处东南亚，属于热带、亚热带季风气候，年平均气温约 26℃，雨

季、旱季分明，每年的 5 月至 10 月为雨季，11 月至次年 4 月为旱季。雨季时，南欧江水上涨迅猛，都罗姆村村民冒雨行船进出非常困难。旱季时，南欧江水迅速减退，浅滩和礁石遍布江中，行船异常危险。都罗姆村常年单一的水上交通十分不便。

与路结缘

2014 年 12 月，南欧江三级水电站进场道路工程开工建设，进场道路做起了三级水电站项目部与都罗姆村相识结缘的特殊"媒介"。

开工伊始，困难接踵而来。面对 52 公里进场道路狭窄、盘山路坡陡弯急，项目地处深山峡谷、两岸地势陡峭、施工场地有限等诸多不利因素，三级水电站项目部统筹协调各参建单位迎难而上，先后完成了进场道路保障通行、挖填平衡拓展施工场地等一项项重点和难点工作。

阳光总在风雨后。克服重重困难、历经一年多艰苦施工，南欧江三级水电站进场道路终于在 2015 年 10 月建成通车了。

2016 年 4 月 8 日，南欧江三级水电站主体工程破土动工。主体工程修建临时设施所需的天然砂石料最经济合理的取料地点就在都罗姆村下方南欧江边！

都罗姆村积极配合和大力支持工程建设，为三级水电站提供施工场地和河滩砂石料等资源。

2016 年 6 月，三级项目部为都罗姆村新修进村道路，开启了都罗姆村与外界陆路畅通。

精心组织修复水毁进村道路，积极履行社会责任

路通但要长期保通也是一大难题，因为每年雨季到处有塌方堵塞。2016 年 11 月上旬，老挝南欧江自源头云南江城县到三级水电站上游库区普降暴雨，沿江而下的一场 50 年一遇超标洪水把已经新建进出都罗姆村的道路部分路段冲毁。

2017 年 1 月中旬，南欧江三级水电站库区连续一个多星期降雨，这种情况在当地旱季也是罕见的。

南欧江三级电站精心组织，积极筹划和准备修复进村道路。度过半年漫长的雨季，2017 年 12 月中旬各种施工条件具备，三级项目部立即启动修复都罗姆村进村道路方案，将冲毁路段及地势低平路段回填加高，增加四孔圆管涵洞，增加混凝土挡墙，以及浆砌石护坡，经过一个多月的施工，三级项目部完成了都罗姆村进村道路修复施工，道路更加稳定。当地村民赞扬道："我们是遇到了高度有责任感的中国企业，帮我们修路还修复保通，很难得，我们一定要支持好电站建设，这是修电站才给我们带来的便利和幸福。"

惠民之路越走越宽广，路之友情越来越浓厚

喜看都罗姆村今朝新颜——

都罗姆村有了陆上通行，彻底改变了村里人世世代代固有的交通方式，这是村里人怎么也想不到却又实际发生了的事情，而且，进村道路修好之后，村里发生着越来越多的变化。村里的山货可以从陆路更加快捷便利运出去，同时，外面琳琅满目的商品可以运进村里，都罗姆村与外界的经济往来得到了质的飞跃。不仅如此，进村道路修好之后，村里人有了外出工作的机会，仅三级电站业主项目部先后为都罗姆村民提供了 20 多个工作岗位，还有在工地干活儿的，促进了村民人口就业和都罗姆村经济发展。

做好工程项目施工建设的同时，南欧江三级电站始终重视与都罗姆村及村民维系好和谐融洽关系，为工程建设营造良好的外部氛围环境。遇有村民结婚、过传统节日等喜庆事宜，三级电站都会积极参加，与村民联谊欢庆。老挝新年宋干节、龙舟节等重大庆典，电站项目部都会到村里祝贺，与村主任和村民座谈聊天儿，共叙中老两国人民友谊。

作者：荣晓刚　代　军

承载友谊的「通途」

哈克村行记

　　黄昏金色的阳光，穿透淡淡的云层温暖地洒下来，披在哈克村红色的屋顶上。这个掩映在青山绿水之间的老挝北部的移民新村，传出了阵阵欢快而喜悦的歌声。2014年6月25日，这一天成为所有哈克村民永远难忘的日子。

　　这一天，他们告别了简陋的草席棚房，搬进了宽敞明亮气派的新房。这一天，他们像过节一般欢聚一堂载歌载舞。在老村主任奔孔家的茶几上，刚刚炖熟的土鸡香气四溢，刚刚炸出的小鱼酥脆诱人。中国电建海投公司负责移民工作的员工，成了最尊贵的客人，他们一起举起鸡血藤酒，和着象脚鼓的节拍，尽情地跳起老挝传统的南旺舞，一起欢度这美好幸福的时刻。

　　哈克村位于老挝北寮山区，依山傍水，幽静安适，是南欧江二级电站兴建的三个集中移民村中的其中一个。

　　沿着平坦顺直的硬化公路走进村头，远远看到的是门口的百货店。店主杨娜穿着花格的衬衣，头发整齐地梳到脑后，扎着一块颜色鲜艳的手帕，肤色呈现着健康而有活力的棕黑色。

　　看到我们，她脸上绽放着开心的笑容："Sabaidee！"（老语"你好"）她热情地跟我们打着招呼。随行的沈辉负责这儿的移民工作，早就跟村民们熟得像一家人似的。他像老朋友一样跟杨娜聊了起来，不太流利的老语丝毫没有任何妨碍。

杨娜说："自从搬到移民新村，村子规模大了，居住的人多，电站在这里，来往的人也多，生意比以前要好很多，生活上没有问题。"

时值中午，两个五六岁的小孩子蹦蹦跳跳跑了进来。杨娜介绍这是她的两个小孩，就在村里由电站项目捐建的小学里上学。两个小家伙有点羞涩地跟我们打了招呼。沈辉掏出零钱，塞到孩子的口袋里："叔叔给你的，买玩具玩。"小家伙开心地叫了一声，跑进屋里去了。

旺康是这个村小学的校长。记者走进学校时，他从办公室里快步地走了出来，热情地拍了下沈辉的肩膀，说了一句什么，两人一起哈哈大笑起来。翻译告诉我们，旺康是说"啥时候咱们再一起喝一杯，再喝得像上次那样尽兴为止"。大家也忍不住笑了。

教室里传来了阵阵童真的朗诵声。旺康校长介绍，这个学校共有六个班，每个班有十几个孩子，四个老师。中国电建不仅帮助建好学校，还捐赠了课桌、椅凳、档案柜等教学用具。每到节日，还会为学生送来书包、笔等学习用品。孩子们的学习条件，比以前要好多了。

在哈克村公所的一间办公室，我们遇到了老挝环保部门派驻现场的代表

温天。他们从工程开始就已经进驻，负责对整个工程的环保工作进行监督。我们注意到，村公所的办公桌和条椅刷着黑色的油漆，上面清晰地印着"中国电建"的标识。温天指着桌椅对我们用汉语说"谢谢！"引得大家都笑了。他转而向沈辉说："能不能再帮我们买一个风扇，这儿不太通风，中午太热了。"沈辉笑着一口答应："没问题！"

老挝人是朴实的，他们像一株树，深深地扎根在这大山里。老挝人也是乐观的，他们遇到困难，总是笑着面对，在落后的生活条件下也能唱着欢快的歌！

老挝人用他们的朴实乐观，赢得了电建员工的尊重。他们用心跟村民交流，设身处地地为村民着想。电建海投公司反复研究，帮助移民恢复生计，修通公路，改善生活，提高当地村民的技能和生产生活水平。在六级电站，请来了农业技术人员，教授移民村村民种植咖啡、香蕉、橡胶等经济作物，并帮助他们联系好销路。在搬迁的两年时间里，分期为移民发放口粮补助金，帮助他们顺利度过过渡时期。

电建人也用他们的真诚和勤劳，感染着当地的村民。移民拆迁涉及的人多面广，关系着每一位村民的切身利益。为了顺利地达成移民协议，南欧江流域公司移民团队天天泡在村子里，时间久了，同村民熟得就像一家人，大家讲起了感情，渐渐地得到了村民的信赖和支持，移民工作的推进就快多了。

如今，搬入移民村的村民，住房不仅宽敞，而且粮仓、厕所样样齐全，修建的集中供水设施将清澈甘甜的山泉水直接送到村民家里，这样的条件是之前想都不敢想的。学校、寺庙、卫生所、村公所也都配套建设好，大家真心地体会到了生活上的改善。二级电站的哈克村老村主任，这位开始与沈辉有过争议的村干部，现在家里一旦做了好吃的，必定要给沈辉打个电话，邀请他去做客。

作者：耿兴强

老挝深山里的一次募捐

1月，寒流持续袭击老挝北部，当地气温持续走低。

这让生活在老挝这个东南亚地区的人们十分难熬，特别是对那些在老挝深山中生活的孩子来说，更是深切地感受到了冬季的寒冷。由于交通不便，他们往往很难像城里的孩子那样及时补充衣服。

地处南欧江四级电站库区的汇篇舞村就是这样的一个村子。

因为移民征地工作，南欧江四级电站在一年多来和这个村子有了多次的接触，对村里的生活状况也有了一定的了解，特别是村里面的一所小学给四级项目部留下了深刻的印象。

那是一所极其艰苦的学校。简陋的房屋，墙上的窗户无遮无挡，孩子们穿着破旧的衣服，光着小脚在地上跑来跑去……这样的"清爽"在夏季也许可以接受，但是在这个寒冷的冬季，看上去确实让人揪心。

见此情景，在项目部的号召下，一场捐衣活动在南欧江四级电站悄然掀起。大家纷纷将自己在老挝的见闻讲述给身边的亲朋好友，将老挝孩子遇到的困难告诉他们，让身处国内幸福生活的人们了解老挝深山里孩子生活的艰

海投故事

「一带一路」上的电建风采

苦，发动他们与自己一道为老挝孩子送去一份温暖。

一张张照片、一个个真实的故事，让每一个人都为老挝深山里孩子的生活处境和乐观的生活态度而动容。短短 10 天时间，项目部就募集到了 100 余件儿童衣物和生活用品，看到一个个从国内邮寄来的快递，以及快递上"挺住""宝宝们加油""希望穿着合适"等备注语，整个项目部感到无比欣慰，也彰显着"中老一家亲"的内涵。

2 月 10 日，由南欧江发电公司副总经理、四级电站联合党支部书记带队，与老挝勐夸县政府领导一道，将募集来的衣服和特地为孩子们准备的水果等慰问品送到孩子们的手中。

一个善举、一份温暖可能影响一个人的一生。孩子们脸上那懵懂的目光，使人心中充满感慨。现在的他们可能无法深刻体会中老友谊的含义，但可以肯定的是，这些来自中国的礼物，在他们幼小的心灵中一定会烙下永久温暖的印记。随着时间的推移，他们会慢慢长大，会成为家里的顶梁柱，成为家乡建设的排头兵，成为优秀的青年为工作生活而努力，而那颗深埋在他们心中凝结着中老友谊的种子，也必将生根发芽、茁壮成长，他们所体会的那份中老情义也定会比他人来得更为厚重。

作者：孙　宇

▎马相迪河畔传颂的中国故事

奔流奔流，白驹过隙。在美丽的尼泊尔上马相迪河畔，历时 4 年傲然屹立起来的水电明珠，熠熠生辉，照耀着一衣带水友好邻邦的可期未来。

"建一座工程，树一座丰碑，交一方朋友，传一世友谊。"这是中国电建在"走出去"过程中肩负起的一份沉甸甸的责任。

在通往上马相迪项目现场的路上，一条近 400 米长的交通隧洞不仅方便了施工车辆、附近村民的出行，还吸引了一拨又一拨前来参观的尼泊尔人，成为当地一处名副其实的"旅游景点"。原来，这条为便于施工、解决出行难题的交通隧洞，无意中创造了一项"尼泊尔之最"，成为尼泊尔国内的第一条交通隧洞。

"从工程启动到现在，项目部为我们建设了学校、医院，对我们当地的基础设施做出了很大的贡献。以前医院的床位非常紧张，现在床位充足了，去医院看病也方便了。项目部还帮助我们修路，现在出行方便了很多。"村民Bishnu 说。

秉持"绿色发展、科学开发、以人为本"理念，中国电建积极履行社会责任、关注民生、造福当地百姓。自工程开工以来，项目公司共实施社会责任 100 多项，涉及项目主要有技能培训、医院、学校、生活饮水、道路、桥梁等，多次为当地社团、党派、学校等组织了捐款活动。

授人以鱼不如授人以渔。"本土化"战略也是中国电建积极带动本地就业，拉动经济社会发展的重要举措。

平时，在上马相迪项目各个岗位工作的尼泊尔员工有 260 人左右，施工高峰期时达到 1300 人，不仅为当地提供了大量的就业岗位，促进当地经济发展，也为当地培养了大批技术工人和管理人员，项目公司人员本土化率达到70%。

苏思密达是项目公司综合部的文书，一个漂亮的尼泊尔美女，她说："自从来到电站工作，我的收入增加了，穿着漂亮整洁的电站工装，找男朋友的标准也提高了。"她不好意思地说，"如果能找到合适的中国员工做男朋友就好了。"

行政事务部的公共关系专员卡纳是当地的尼泊尔人，毕业于印度班加罗

尔大学机械工程专业，他协助中方人员开展外联、社会责任履行、环境事务处理等工作，凭借丰富的工作经验和认真务实的工作态度，优秀地完成了各项工作任务，被项目公司评为"海投之星"。

"中国电建海投公司在尼泊尔的水电投资建设项目中树立了良好的榜样及学习的典范，我们号召其他电站项目向上马相迪学习、向中国电建学习。"2016年8月27日，尼泊尔国会议员嘉明德拉为项目公司颁发了社会责任项目完工与感谢证书时由衷地说。

当发电仪式上，寓意着祈福的传统帕纳斯灯点燃的那一刻，源源不断的绿色电能被输送到千家万户，而电建人在异国他乡凭借非凡的勇气与过人的智慧演绎的中国故事，也将随着日夜流淌的马相迪河水传播与颂扬。

作者：耿兴强

影视印记

YINGSHEI YINJI

海投风采

　　该片全方位介绍了中国电建集团海外投资有限公司坚持战略引领，抢抓"一带一路"建设机遇，"走出去"参与国际竞争的管理优势、核心能力、重要业绩以及文化融合、海外履责等情况，展示了中国企业在全球化过程中促进中国标准、中国技术、中国设备、中国文化融入国际经济生态圈，推动共商共建共享的生动实践。

《情满南欧江》

　　本片以中国电建员工——老挝南欧江帕景村村民埃里克的故事为主线,选取埃里克工作、生活、搬家等相关故事场景,突出中国电建在"走出去"过程中大力实施本土化经营,带动当地发展,建设移民新村等履行社会责任的典型故事,突出大国央企的良好品牌形象和责任担当。

《筑梦马相迪》

　　该片以独特的视角，展示了中资企业在尼泊尔首个投资建成的水电站——尼泊尔上马相迪 A 水电站。中国电建集成全产链一体化优势推动项目顺利投产发电，让尼泊尔人民第一次用上了"中国电"，实现了中国标准、中国技术、中国设备、中国文化"走出去"的目标。在世界舞台上讲述"中国故事"，展示了中国电建海投公司海纳百川的企业文化和人文情怀。该片曾荣获中国电力新闻奖一等奖，并在国务院国资委网站和推特上展播，首周点击过万。

《甘再欢歌》

　　该片全景呈现了中国电建第一个以 BOT 方式投资开发的境外水电项目——柬埔寨甘再水电站，从开工建设到稳健运行十年来的发展历程，镜头精准聚焦甘再水电站促进当地经济发展、带动劳动力就业、重视生态环保、履行社会责任的经验做法。全片画面精美、解说精炼、感情真挚，曾在当地各种外事活动中频繁播放，在柬埔寨当地民众中产生了强烈反响，树立了中央企业在海外的良好形象。

《丝路霞光》

　　该片以巴基斯坦青年员工阿迦的视角切入，围绕"中巴经济走廊"首个落地能源项目和中国电建最大的海外投资项目——卡西姆港燃煤电站项目的建设，以细腻生动的手法，大气唯美的画面，真实感人的情节，展现了电建海投公司坚持"国家站位"，响应国家"一带一路"倡议，在"走出去"的过程中，集成全产业链优势，以"四位一体"模式快速推进项目实施的生动事迹，在国内外引起了良好反响，树立了中央企业良好的品牌形象。

《"一带一路"弄潮儿》

　　该片记录了国务院国资委首届"央企楷模"、中国电建卡西姆发电公司总经理蔡斌二十载坚守海外的感人事迹，彰显了他敬业爱岗、无私奉献的铁军品质，展示了他一丝不苟、精益求精的工匠精神，感染和激励着央企员工以更加蓬勃向上的昂扬斗志，投身到践行国家"走出去"战略和"一带一路"倡议中去。

《埃里克的中国梦》

　　该片讲述了电建海投公司老挝籍员工埃里克的故事。片中精心选取了埃里克工作、生活几处场景，用有温度、接地气的影视叙事手法表达了"一带一路"建设过程中共商共建共享的丝路原则。片子最后，埃里克说出了他的"中国梦"，那就是在中国公司有个稳定的工作，多挣些钱，有机会到中国旅游，去看看他中国哥们儿的家乡。

《一百亩老挝"电建稻田"的故事》

在老挝的琅勃拉邦省孟威县哈克村，流传着一个一百亩"电建稻田"的故事。每当老村长讲起这个故事，都会伸出大拇指，由衷地说一声：POWERCHINA，very good! 该片就讲述了故事的由来。

《一座电站与八个老挝村庄》

　　哈克村等八个村庄地处老挝大山深处，山路崎岖，交通不便，出一趟山十分困难。村民们靠种稻田、烧荒种植为生，间隙在江上打点鱼，在山上采摘野菜改善生活，直到 2011 年，南欧江迎来了一批中国电建客人……

《"巴铁哥们"的电建情缘》

修长的身材，英气逼人的脸庞，炯炯有神的眼睛，浓密的络腮胡须，帅气的小辫子——这不是电影明星，而是一枚地地道道的电建男！他就是巴基斯坦卡西姆发电公司巴籍员工杨帆。"明明可以靠颜值，却偏偏要拼勤奋"说的就是他。

《董老哥和他的东北泡菜》

游子美食忆，最是故乡情。该片从一名海外基层员工制作家乡泡菜的视角切入，既表现了长期奋战在海外的中国工人对家乡和亲人的那份眷恋，又体现出海外员工团结一致、共同奋斗的真挚情感，更凸显出中国工人为践行"一带一路"倡议，长期扎根海外、鏖战江河的一腔赤子情怀。该片把镜头对准基层一线，对准普通员工，以小人物折射大人格，从小角度切入大主题，并借鉴最为流行的"舌尖体"，以清新朴实、生动鲜活的风格，让人似曾相似、感同身受又回味无穷。

《遇上你是我的缘》

　　象山脚下、甘再河畔，美丽的柬埔寨姑娘黄玉华和帅气的电建小伙陈宇，因为甘再水电站而相识、相爱，组建了幸福的跨国家庭。黄玉华被中国电建浓厚的企业文化和人文关怀所深深感染，为自己和丈夫能加入这样一个大家庭而骄傲自豪。这对幸福情侣，为甘再水电站的稳健运行贡献着力量，在高棉大地绽放中柬友谊之花。

后 记

走得再远，也不能忘记为什么而出发。

2018 年是个特殊的年份，不仅是学习贯彻落实党的十九大精神的开局之年，也是改革开放 40 周年，也是"一带一路"倡议提出 5 周年，对电建海投公司而言，还是公司成立 6 周年。在此历史节点上，电建海投公司党委推出《海投故事》一书，就是要用点点滴滴的海外投资故事纪念这个特殊的年份，纪念我们走过的历程，展示我们"走出去"的成绩和初心。

讲好中国故事不仅是总书记提出的明确要求，也是深入推进海外投资事业的必然选择。中国企业"走出去"发展，是中国整体发展的重要内容，"走出去"的企业一定程度上就是中国在国际上的形象代言人。中国追求的是一种什么样的全球化？"共商共建共享"的丝路原则具体怎样体现？人类利益共同体、命运共同体有着怎样的实践形式？凡此种种问题都需要中国企业用发展的新理念、新思路、新行动去向世界作出阐释。在这个意义上说，"走出去"的企业肩负着诠释中国、连通世界、促进融合的重要责任。

近年来，我们致力于做"全球绿色清洁能源的优质开发者、项目属地经济社会责任的分担者、中外多元文化融合的积极推动者"，不断以项目为载体，在全球树立电建品牌、打造中国样板、展示国际形象，获得了项目所在国政府和社会各界的充分认可。巴基斯坦卡西姆项目历经中巴两国领导人见证签约，全年为400万户家庭提供90亿度电能，被誉为"巴基斯坦1号工程"；老挝南欧江流域项目7个梯级水电站建成后，装机容量占到目前老挝电力总装机的12%，被老挝副总理宋赛·西潘敦赞为"一带一路"上一串耀眼的明珠。

截至2017年底，公司营业收入、利润总额、资产总额分别达到2012年成立之初时的23倍、23倍、5倍，公司实力显著增强，有力推动了中国标准、中国技术、中国设备、中国文化"集成式"走出去。近年来公司先后荣获中国企业文化建设标杆单位、全国模范职工之家、首都文明单位、全国电力行业企业文化建设示范单位、全国建筑业文化建设示范企业、全国电力行业思想政治工作先进单位、海外能源项目创新奖、国家优质投资项目奖、中国境外可持续基础设施项目奖、巴基斯坦政府"杰出成就奖"、老挝政府"优秀中小企业发展奖""特别贡献奖"等40余项荣誉。

这份沉甸甸的成绩，展现了中国企业不一样的视野、理念、愿景、目标、责任和能力，也从一个侧面向世界展示了一个茁壮成长的POWERCHINA、一个健康发展的中国。当时光流逝，我们有必要留存这些发展的足迹，这些故事更激励着我们走向更远的未来。

此书的形成，得到了中国电建集团党委、工会的高度重视，得到了中国能源化学地质工会和中国工人出版社在成书思路、内容构成、文章编辑、出版发行等方面的直接指导和帮助，也得到了公司各部门、各海外项目公司的积极响应，共征集到文稿200余篇、图片100余幅，我们对此表示衷心的感谢！

6年的时光里留下了数不清的故事，但囿于篇幅、时间和能力，我们不能把所有故事一一呈现，难免会有遗珠之憾。然而，作为"一带一路"建设的亲历者、参与者、见证者，作为中国电建海外投资故事的主人翁，我们永远也不会忘记那些珍贵的记忆，它们会像繁星一样，永远闪耀在历史的天空。

后记

图书在版编目（CIP）数据

海投故事："一带一路"上的电建风采／中国电建集团海外投资有限公司编著.
—北京：中国工人出版社，2018.9
ISBN 978-7-5008-7069-2

Ⅰ.①海… Ⅱ.①中… Ⅲ.①故事—作品集—中国—当代 Ⅳ.①I247.81

中国版本图书馆CIP数据核字（2018）第227759号

海投故事："一带一路"上的电建风采

出 版 人　王娇萍
责 任 编 辑　安　静　石钰艳
责 任 校 对　赵贵芬
责 任 印 制　栾征宇
出 版 发 行　中国工人出版社
地　　　址　北京市东城区鼓楼外大街45号 邮编：100120
网　　　址　http://www.wp-china.com
电　　　话　（010）62005043（总编室）
　　　　　　（010）62005039（出版物流部）
　　　　　　（010）62382916（职工教育分社）
发 行 热 线　（010）62005049　（010）62005042（传真）
经　　　销　各地书店
印　　　刷　北京美图印务有限公司
开　　　本　710毫米×1000毫米　1/16
印　　　张　22
字　　　数　200千字
版　　　次　2018年11月第1版　2019年7月第2次印刷
定　　　价　68.00元